刘雨虹 编

怀师的四十三封信

南怀瑾致
刘雨虹
书信四十三札

人民东方出版传媒
东方出版社

图书在版编目（CIP）数据

怀师的四十三封信：南怀瑾致刘雨虹书信四十三札 / 刘雨虹 编 . — 北京：东方出版社，2021.4

ISBN 978-7-5207-1871-4

Ⅰ . ①怀… Ⅱ . ①刘… Ⅲ . ①南怀瑾（1917–2012）– 书信集 Ⅳ . ① K825.4

中国版本图书馆 CIP 数据核字（2020）第 245686 号

怀师的四十三封信：南怀瑾致刘雨虹书信四十三札

编　　者：刘雨虹
责任编辑：张莉娟　王梦楠
出　　版：东方出版社
发　　行：人民东方出版传媒有限公司
地　　址：北京市西城区北三环中路 6 号
邮　　编：100120
印　　刷：北京汇瑞嘉合文化发展有限公司
版　　次：2021 年 4 月第 1 版
印　　次：2021 年 4 月第 1 次印刷
开　　本：787 毫米 ×1092 毫米　1/32
印　　张：7.5
字　　数：45 千字
书　　号：ISBN 978-7-5207-1871-4
定　　价：48.00 元
发行电话：（010）85924663　85924644　85924641

出版说明

　　年纪大的人有许多麻烦，尤其是与文字有关的人。因为一旦整理起旧文书稿之类时，真是意外多多，有时更不知如何是好。

　　最近在整理旧书信时，忽然发现了南老师写给我的四十三封信，再读之下，许多陈年往事，甚至老师骂人的事——更有骂我的事，都在信中出现了，而那些都是早已遗忘的事了。

　　找到的信，大致可分为三个时期，第一个时期老师在中国台湾，我在美国；第二个时期老师在美国，我在中国台湾；第三个时期，我还是在台湾，老师则已经到香港了。

怎么办呢，许多事又重新浮上心头……

老师给我的信，现在看来，内容意义深远。

于是首先想到，自己年纪大了，应该把这些信交给年轻学友保管，而我们这些做编辑的人之中，以彭敬最年轻，也还不到四十岁，所以我初步想，把信交给他保管，二三十年后，信中老师骂过的人，大概都已不在了，那时彭敬六十多岁，就可以发表这些信了。

这个想法在我心中酝酿了一些日子，犹疑不决……那天早晨，念完了《金刚经》，心中忽然蹦出来一个想法，天下事哪有什么不敢公开的啊？老师骂的是跟他修学的人，学生还怕老师骂吗？那是孺子可教啊！如果当老师的，对一个学生连责骂都放弃了，就证明这学生已不可教了。

老师骂人是很有技巧的，很文雅的。老师说我"欠一着，不高明"，意思是说："你真不高明，还自觉了不起！"

不过，老师也有赞扬学生的地方，反正都是教化。

想来想去我想通了，爽性把这些信，加上我对信中的人和事的注释，一并合起来出版，岂不是一桩很有意思的事？因为老师的信中有很多内涵，甚至他内心的感触，无奈，以及一个文化人的一切一切……都流露无遗……

不过，请有些人放心，对于老师批评太严重的人，我仍然把他们的名字隐去。

刘雨虹　记

二〇一九年夏月

目　录

一

一九七七年九月～一九八四年四月

九封

第一封

一九七七年九月二十七日

留亦为难去亦难　悠悠世路履霜寒

遥闻碧海吹魔笛　几欲青冥驾彩鸾

不惯依人输老拙　岂能随俗强悲欢

禅天出定生妄想　何处将心许自安

丁巳中秋关中有寄

第二封

一九七七年十一月一日

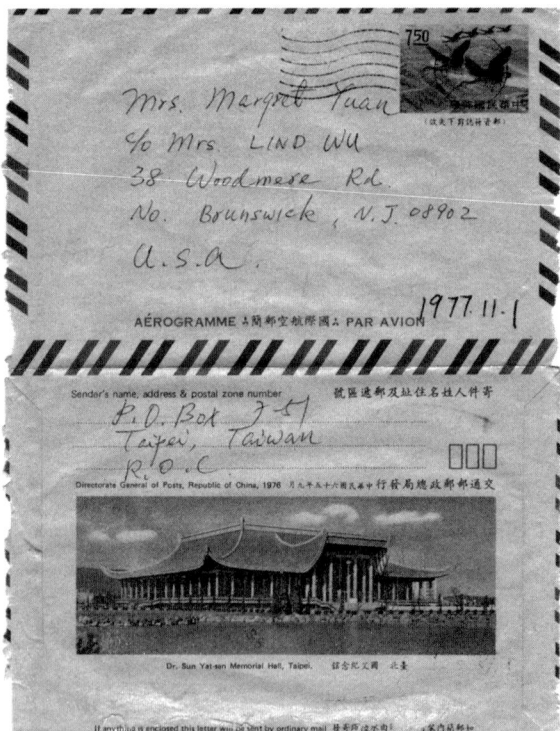

Mrs. Margret Tuan
c/o Mrs. LIND WU
38 Woodmere Rd.
No. Brunswick, N.J. 08902
U.S.A.

1977.11.1

AÉROGRAMME 國際航空郵簡 PAR AVION

Sender's name, address & postal zone number 寄件人姓住址及郵遞區號
P.O. Box 7-51
Taipei, Taiwan
R.O.C

Directorate General of Posts, Republic of China, 1976 交通部郵政總局發行中華民國六十五年九月

Dr. Sun Yat-sen Memorial Hall, Taipei. 臺北 國父紀念館

If anything is enclosed this letter will be sent by ordinary mail 函內如有附寄物件依照普通郵件處理

雨虹：

自洛市寄来信收到，知旅途平安，甚慰。所谓美国人对佛教的发展，及中国文化的推进，看法为何，愿闻其详。或在暇中可撰一专文报导，过几天，正赶上《人文世界》复刊后第二期。如何，自酌之。

所谓夏君事，如论佛法果报，将来恐不止如此而已。

李炯已将我的日记（初入关）部分（也止有此一小部分），寄给吕老太太了。今天收到老太太信知道的。总算李还找得回来了。所以见面时可不提此事了。她（李）还无第二封信来，也没有什么事可说的。

此间一切如常，你老爷的纸厂计划亦由明真带来看到了，很好。不过，明真大约不可能参加，因家人不支持钱财，暂时是无法的。

此致　祝

旅安

十一月一日

师字

按：

·此处所谓夏君，乃指在美国的那位。

·明真是老师的学生。

第三封

一九七七年十一月二十一日

Mrs. Margret Liu Yuan
c/o Mrs. Lind Wu
38 Woodmere Rd.
No. Brunswick   N.J. 08902
U.S.A.

1977. 11. 21

AÉROGRAMME 上簡郵空航際國A PAR AVION

Sender's name, address & postal zone number 寄件人姓住址及郵遞區號

P.O. Box 7-51
Taipei, Taiwan, R.O.C.

Directorate General of Posts, Republic of China, 1976 交通郵政總局發行中行發月八十二年五十六國民革

Dr. Sun Yat-sen Memorial Hall, Taipei.   台 北　國父紀念館

To open cut here

雨虹：

寄回三封信都收到，曾经回了一封邮简寄洛杉矶，不知有无转到？不过，遗失了还就算了，没有什么要紧的事。

不错，李淑君正在等加拿大的签证，不知那天才走的成！

刊物复刊后还不错，真想寄一份给你，作为旅行中的消遣。

你来信所说旅美的观感，正可证明我心目中所见的是不错的。

此行，真希望你能随时随地写下来，一定是一篇好文章，因为你有见地，有评议，一定精彩。

陶蕾如此有心，真难得，可惜慧业也不是一生一世立地可办的。

一切平安，勿念。听说袁先生已上班开始

作生意了，纸厂也开始筹办了。大概都很好，
所以我没有叫人打电话问候。

此信不知你能否收到？（因你旅途变动）
所以只是试覆一下。 祝
平安

十一月廿一日
师字

按：

·一九七七年九月我去美国。

·陶蕾女士在美国因进修艺术博士，而进入
佛法文化而热心修习。

·陶蕾的父亲陶玉田原为金陵大学教授，与
老师过从多。

一九七七年十一月二十八日

Mrs. Margret Yuan
c/o Mrs. Lind Wu
38 Woodmere Rd.
No. Brunswick N.J 08902
U.S.A.

AÉROGRAMME 國際航空郵簡 PAR AVION

1977. 11. 28

Sender's name, address & postal zone number 寄件人姓名住址及郵遞區號

P.O. Box 7-51
Taipei, Taiwan, R.O.C.

Directorate General of Posts, Republic of China, 1976 交通部郵政總局發行 中華民國六十五年九月

Dr. Sun Yat-sen Memorial Hall, Taipei. 臺北 國父紀念館

To open cut here 請由此處開拆

雨虹：

11.18. 来信及两张支票都收到，陶蕾如此真诚，无不收，正好我也有些地方要私用，就收了吧！请你先代道谢一声，以后我再写信。说是不要钱，结果还是见钱眼开，哈哈，真可笑。长福的中国名字叫南国熙，英文名字如次：Cadet Andy Sherrill。

×女士的为人，早看透的。我也当面告诉她不要所求不遂，将来转而骂我。其实她的一切作为，为己为利。不过，如此作法行为，结果一定一无所为，此所以众生造业，造的太不智了。你到纽约，与她通过电话就好了，不见面，更有味。将来再见面，她就可怪你不给她一个机会，陪你玩玩，请你吃一次啊！你看，那多么有意思。人最聪明的事，最有味道的事，就是瞪着明眼，看人说谎瞎扯而不揭穿。此乃无上密法，无上心法，传给了你。你可要千金不卖，不要随便传人。一笑。大笑。

所为看光一法，乃权法也。方便法门而已。实际上，应该用固有文化，叫它是敛神返视。也就是道家所谓"炼神还虚"。最要紧的，最后不执着光，不着相，还归虚无。虚无即空无一念也。这个要点，也必须详告陶蕾方可。

李淑君还未动身，或者一拖再拖，就此不动了。此所谓行即不行，不行即行之禅法乎！

长福在圣诞节放假时，可能回洛杉矶省母去了。如无顺便机会，就不必特别去看他了。

又王绍璠这个活宝今天已回台北，唉！

旅途平安，保重身体，我什么都不需要，

谢谢。

十一月廿八日

师字

一九七八年一月十二日

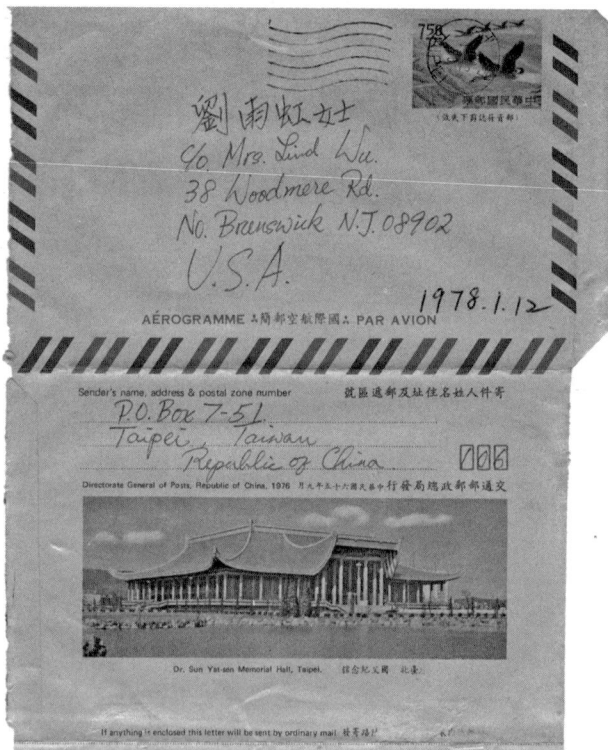

劉雨虹 女士
c/o Mrs. Lind Wu.
38 Woodmere Rd.
No. Brunswick N.J. 08902
U.S.A.

1978.1.12

AÉROGRAMME 國際航空郵簡 PAR AVION

Sender's name, address & postal zone number　寄件人姓名住址及郵遞區號
P.O. Box 7-51.
Taipei, Taiwan
Republic of China

Directorate General of Posts, Republic of China, 1976　交通部郵政總局發行中華民國六十五年九月

Dr. Sun Yat-sen Memorial Hall, Taipei.　臺北　國父紀念館

If anything is enclosed this letter will be sent by ordinary mail.

雨虹：

元月三日函悉。淑君已于元月五日赴香港，九日转东京赴纽约，或者你们已经碰面了，此事只顺便见告而已。

种参办文化事业，很好，但实际下地工作，又是一批人，如退回十多年，我的同乡打游击的退休分子，倒有些人可跟我跑。目前，也皆老了，体力恐成问题，且多为文盲，连中文字和国语也讲不清。如说目前我们的学人中，肯下地吃苦，看来谁也不行，不能抱任何一点希望。当然，此事如成，实际农场工作者，还须另外设法。当然以学农或近于此道的青年壮年才好。如果真发心，愿力正，佛说"有愿必成"。也许到时可解决。事实上，最困难的，还是我个人自己没有缘，靠别人起来，都很难靠得住，一到利益冲突就麻烦了。况且你要移美，也是一问题的事。反正谈谈说说，随缘再看，但真存此愿心就好了。

阴历已到腊月初了，想来你也快要赋归吧！说说笑笑，玩玩搞搞，闭关已到一年，看来人世光阴迅速，真是可怕。

倘使你能与代销中文杂志的商人搭上线，顺便希望能为老古出版社代销中文书，那也方便多了。

还有，无论为种参农场或其他的事，尽量少为宗教——佛教或禅宗作标榜。我们是以整个中国文化为中心，佛、禅、道只是其中主流的三部分而已。不然，一变成宗教贩子，就太讨厌了。此点你与我的意见，想必一样。

此间一切如常，乏善可陈。

你府上想必平安顺适，因在关中，也未与袁先生连络。近日为了应付答过年贺卡，作了一首诗，写给你玩玩：

又到禅关报岁阑　邮亭迢递尽书丹

故园草长莺啼处　客路清夷鹏翼安

世事早随今昔改　问心已了有无观

朝来自把神光照　鹤发童颜一笑看

匆此　祝

旅安

一月十二日

师字

按：

·美国有友人陈君，乃西洋参市场的销售
王，谈到种参之事。向我建议老师来美国住参
园，冬季半年无事修行好地方。

第六封

一九七八年一月三十一日

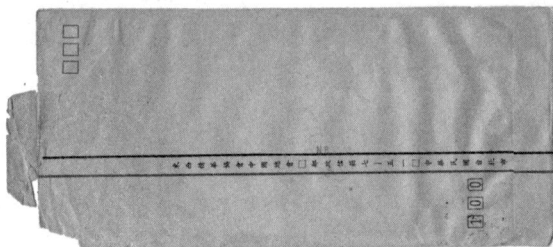

雨虹：

　　元月十九日的信及旅游文稿与支票五百元均收到，今天才收到。你家的情形，前四五天才由袁老师来谈起，我当时心里就判断你不会回来过年了。因在此以前，我一直与正之谈及你必回来过年的。

　　清官难问家务事，不过，我奉劝你，应该回来，只是在先弄好一个寄居一时的地方再说，例如如明真一样，租一间套间的公寓先住下，一个月也不过七八千元租金，然后才能使精神病患者慢慢离去。你一不回，她反而可以再住下去了。不知我此意见可以采用否？如可采用，即来信，我设法为你去找住处。因为文光他们回来也是此一办法，所以可以同时办。

　　五百元先收下，谢谢，再说。种参事，不必太费神，自己没有钱，没有人，不行的，绝对不行的。农业发展，必须自己有百丈祖师的精神，一日不作，一日不食，你我们年纪大了，而且根本年纪不大，也干不了，所以作罢，只可当话题参参。靠人，谁肯出劳力养活人哪？（有钱有代价也靠不住）你我们也作不到，何况他人！

文光已拿到公民证，决定二月底，至迟三月初回来专修三个多月。又带回一位美国佬，要求跟我专修三个月。据说根器好，人品好等等云云（不过，是四五十岁的成年人）。比利时的李文，也要求在三月间回来跟我专修一段时期。还有现在在此的一位巴黎大学博士班的小姐，也要求专修。所以在今年三四月间，必须开一特别班，专讲有系统的修证法门。我希望讲毕，中文、英文、法文笔记，一齐出来。那就不冤枉辛苦一场了。当然你如在此，那就如彪虎添翼，真是"有禅有净土，好比戴角虎"了。

袁老师来谈过一次，如中治，如山中寺庙，我一概不问，只问他自己的专修方向。总之：看来愈加悲愍而已，但亦爱莫能助。人的智慧，业力真难办。

其余的事，照你给明真之纸，一概由老古办，老古答复。因为明真已回家过年，须二十天后再来。　祝
平安

一月卅一日

师字

按：

· "正之"就是萧政之。

· 所谓精神病患者即夫家姐，因我赴美，她

即来住我家，闹出不少事故，所以老师劝我快回台。

· 李文是比利时人，本为天主教神父，到中国台湾传教，还俗娶了祁立曼为妻，李文的中文极好，比多数中国人都地道。

第七封

一九七八年二月八日

（李炯初一下午来长途电话拜年）

雨虹如见：

二月一日函及内附陶蕾函悉刊书等事，已交古国治看过，且即照办。因彼缺乏经验，又迟缓一点，且逢过年，人去楼空，只他一人自己办事，更使得他手足无措，头脑呆滞了。

你应回来，才好安顿家事。我觉得袁先生没有你，也许办事等会有欠缺的。不过，你能经欧洲一游，也很好。

昨日过年元旦，正之夫妇来谈，希望你回来接办《人文世界》，因蔡策为了票据法，须去守法坐监六个月，这一枝笔被拘进去了，更无人手，所以正之想到你。我说，一切听因缘自在吧！因为正之急着我们的维持费之故。

淑君还在加拿大，想多留两个月，不知可能否耳！余已详前函，不赘。专此　即颂

旅安

二月八日夜

师字

按：

·《人文世界》月刊可以卖钱，作会费。

第八封

一九七八年二月二十八日

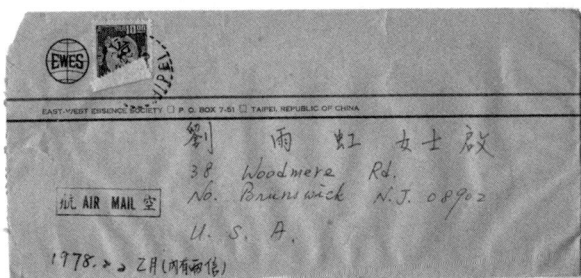

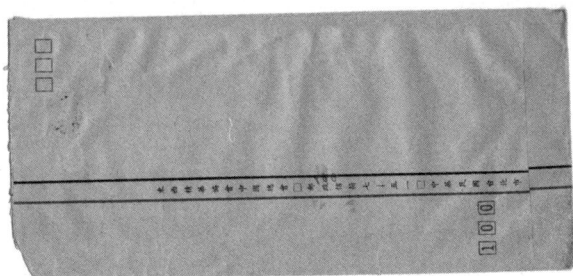

雨虹：

二月十七、廿一两函均收到。你此行的收获，第一，是心理上解除了阴影。第二，多年百闻不如一见的美国，总算了解一部分。第三，也了一了亲情友情等的盼望。如此而已，已算丰收很大了。其实，走遍天下都是山水土，到处一样，没有什么了不起。至于人的社会，如果久了，深入了，也会发现天下乌鸦是一样的。我早已肯定如此，所以那里也不想动，那一机会也当作空花。至于后一代的青年如子女们，我倒鼓励他们都应该去看看，走走，学学。因为在此地生长，见闻经历太仄。况且未来的时代，并非过去或现在。

此次我说开班，其实只是为了一人，朱文光。文光在这廿多年来，对我，可以说仁至义尽，牺牲太大，帮助我也太大，如我的家人子女之能远渡重洋，也都是他一人一手帮办完成。不然，以我的潦倒穷途，那有可能如此。就此一端，已报谢不尽，何况他的忠诚不二，唯我独尊的情分！只可惜他般若太差（并非世智），体力又不好，故此次特为开讲，也是我一番报谢酬恩之心而已。其他的人，也只能说顺便想到，沾沾光而已。——这是老实话。

譬如我也向你提过，想到陶蕾，想其他的学生。但你知道我的毛病，最容易中途变卦。既通知，又后悔。为什么呢？怕害了别人耽误时光，劳民伤财。况且一般心理，学不学？学的好不好？站在学生立场，都会怪老师，挑剔老师。站在老师立场，也正相反在挑剔厌恶学生。——当然，除了文光，决不会如此生心。我的几十年经验，对谁都不敢信的。但是，因为陶蕾有过两次硬要供养的情债，故想到他〔她〕，也希望能还了心里的账。可是她如此的困难，又诚心要来，我又畏惧起来，生怕没有使他〔她〕有所得而归，实在歉然。特此，希望你代我预先告诉她要考虑清楚，也要心理有所准备，只当回来玩一趟，不要以为我真能教些什么的。千万拜托。

据古国治说，周小姐和那姓蔡的，今天已来过，古告诉他，有此事，但未定，先留下姓名地址，再连络。如此甚好。因为此事，正开始要租地点，并且还有文光和那外国学生的住处，也正要去租。文光个性又孤僻，不喜欢住他家里及熟人处，所以正在找。

到目前为止，外国学生最诚恳的李文（比利时人），可能二月底先到。他真是一个学道者，最诚恳的，般若还好，但这也只能说到目前为止。

还有李文的妻子祁立曼，也很好，可惜他们因经济困难，不能同来。祁立曼只好由比利时赴美国看父母去了。祁立曼写一信给我，真是文情并茂。不是文学特别好，是真情流露的诚言，札札实实。这俩夫妻也真难得。

还有，便是佛光山有几个青年僧。只好答应，但生怕他们更变成佛油子。

总之，做这样一件不相干的事，又须劳民破财一番。

《人文世界》和会务，那敢劳烦到你那边，我只是直言相告，是告诉你萧正之对你的看法很好，因话未说明，害得你着急，对不起。你坦率讲的《人文世界》的话，切中弊病，这有什么可误会的。本来如此，最真话，直心是道场，应该的。只是有一点，你真欠一着，不高明。我现在稍稍对你说一点，人世间事，有许多只能如此，只好如此，才可苟安苟活下去。其余的，将来你学问明白了，慢慢去参。

如以佛法而言，必须切记"天下事，岂能尽遂人意"！"十有九输天下事，百无一可意中人"。这点，你此行回来，居家处世，应作咒语牢记才好。认真是好德行，但对出世法认真才好，对世法认真必落轮回。

你在回来之前，如遇到在国外的同学——指与我认识的同学，会里有关的同学，万一托你带什么口信给我，叫我帮忙什么事的。你只说代为带到信而已。我的脾气古怪，拿不定的。尤其老了，这一年的闭关，心情更老了，变的更古怪，不肯管他们的闲事，如此而已。

昨天回从智小和尚一信，顺便在信末写了几句：

"心灰尽，留发是真僧。风雨销磨尘世事，

最难妥贴对燃灯。情在不能胜。"觉得有趣，看信纸还多，特附写给你一笑。燃灯是古佛名，释迦之得法师也。见《金刚经》。专此　祝

平安

二月廿八日

师字

按：

·因为我批评了《人文世界》，老师一方面说我说得对，但也不客气教育了我一番做人做事的道理，那真是我的太过挑剔的毛病，老师骂得对。老师骂我"你真欠一着，不高明"。

第九封

一九八四年四月一日

雨虹道友如见：

　　两函均悉（一由贾小姐交来）。尤其以廿四日函为准确。因我一念之妄动，却将赤手空拳缔造为人文文化大业之责，落在翼中道友与你身手，殊觉歉然。务望运用慧智，善于处理进退两种之机，勿只死守"言必信，行必果，硁硁焉小人"之行。总之：吾辈老矣，于世何求，但有尽此一报身供养尘刹众生，如此而已。其他世俗情怀，是非恩怨善恶，皆如幻响，何足论哉！

　　有关卡普乐来访因缘，尽由文光面详，道

友可一一询之，俾能与卡之师徒连络时，知所
应对也。另托文光奉上五百元，俾开支零用，
人穷手短，当勿见笑，我是多事乎！余不赘及，
文光大概可备答询。匆此　祝
平安

四月一日
老拙

香港药，已由文光去取回，试之另告效用。

按：

·老师写信时是在中国台湾，我与蔡策（翼
中）是奉老师之命已到了美国，拟开展文化
工作。

二

一九八五年八月～一九八八年元月

三十一封

第十封

一九八五年八月十二日

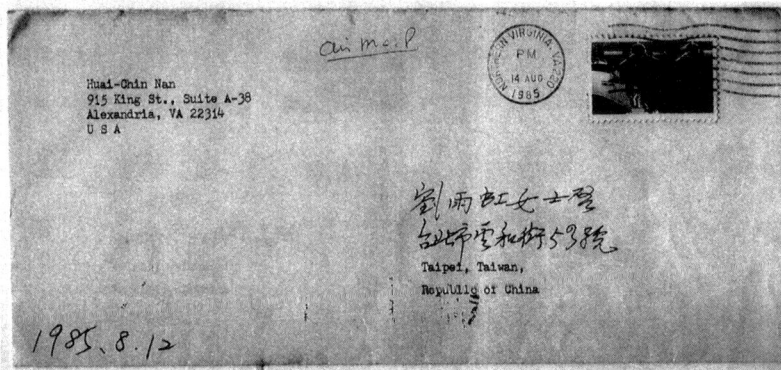

air mail

Huai-Chin Nan
915 King St., Suite A-38
Alexandria, VA 22314
U S A

劉雨虹女士啟
台北市雲和街53號

Taipei, Taiwan,
Republic of China

1985.8.12

雨虹道友如见：

我于七月五日首途，六日抵旧金山，逗留三日，直飞华盛顿 dc，接连开会及申请办理"东西学院"立案手续，及今业已完成法定程序——批准注册。惟尚未觅得妥当住处及办公地点。且当续行申请有关正式大学及研究所授予学位等等之法定手续。总之：月余来奔波劳碌，疲惫不堪，惟能深入此间房地产状况及家庭、社会之真实情况，等于实际留学两三年，更过确切，感知殊多，不胜赘言。总之：平地起高楼，手无裕资，辛苦艰难，实不足为无知者道也。今因连络之需，特先设立一邮箱为通讯处，专此告知。即祝

平安

一九八五，八、十二夜

老拙

Huai-Chin NAN

915 King St., Suite A-38

Alexandria, VA 22314

U.S.A.

代候袁行廉道友好

但通讯邮箱，亦请勿滥告他人，以免无谓之烦。

按：

·老师是一九八五年七月五日到美国去的。

·袁行廉是我外子的堂姐，与我同时从学南师。

第十一封

一九八五年九月三日

雨虹道友如见：

由郭光裕带来手书阅悉。罗梅如义父母处，待近日住处确定，当试与电话连系，只恐罗梅如空劳往返，白走一趟，对我们对她自己，都无益处，反为不值也。

此间公私立大学留美同学会，为台大、师大、文化、成功、东吴等校友，据云：约有一二百人，拟请演讲。因住处未定及种种因缘，仍在迟疑，且俟机缘成熟再说。

愿佛力加庇，你身心健康，所求遂意。匆

此祝

平安

一九八五，九、三、

老拙

按：

· 罗梅如是美国人，哈佛大学比较宗教系毕
业的博士，到中国台湾来结识了南老师，并曾
在中国台湾某院校任教，后又返回美国。

第十二封

一九八五年九月二十四日

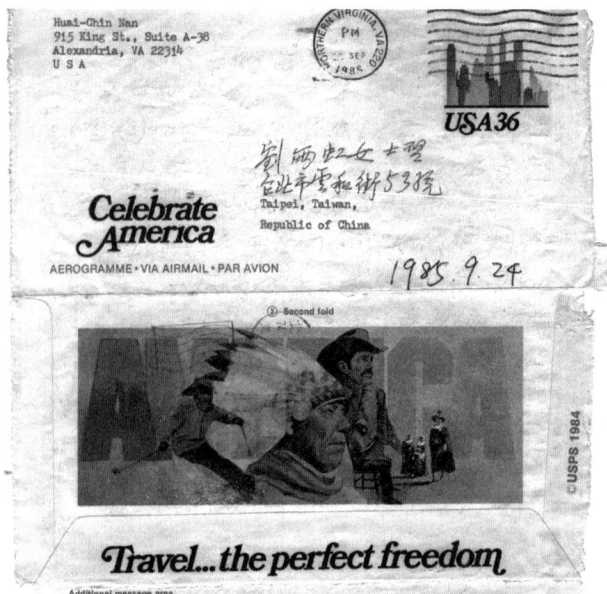

Huai-Chin Nan
915 King St., Suite A-38
Alexandria, VA 22314
U S A

Celebrate
America

AEROGRAMME · VIA AIRMAIL · PAR AVION

USA 36

劉雨虹女士瑩
台北市雲和街53號
Taipei, Taiwan,
Republic of China

1985.9.24

② Second fold

Travel... the perfect freedom

Additional message area

© USPS 1984

雨虹：

八月廿八日信收到，罗梅如返DC，一切均照你办法，先期通知其义父母处。但我明知罗梅如乃一情绪化的不正常之人，且又是彼此文化不同根基的美国人，一切靠不住，只是随缘为之。不然，或者我落在"见取见"成见之中矣。到期，她没有电话来，后来叫文光再打去查问，通了电话，她说：义母有病须照应，而且很累。我也知其为实情，只告诉她应好好照应父母，你有问题找我，可以。无问题，只通一电话便好了。她表示十一月份再来时连络。我答应她搬迁后，再通知她住址及新电话好了！一切结果，如此而已。这就是通达番情的处理办法，所以对卡普乐等等，皆取不即不离态度，除非你对他们（别人）有利，才可深交。人情古今如此，不只中外为然。

我很担心挂念你的处境，更望你能于拂逆中进德修道，除此以外，人生又有何事可为呢！我到"大西洋赌城"有诗：

道出大西洋赌城

风云催客出三台，策杖闲观旧战嵬。

何必赌城始论赌，人生都是赌输来。专此

祝

平安

1985.9.24.

老拙

按：

·此信所说我的处境，因婚姻家庭有变。

第十三封

一九八五年十月一日

雨虹：

寄来新地址及电话号码如下：

EAST WEST INSTITUTE

6926 Espey Lane

Mclean, VA 22101 USA

Tel :（703）356-3186

但此纸上方的通讯寄件邮箱地点，仍旧不变。皆为对外连络用，以免无谓打闲岔。此致

　祝

平安

1985.10.1.

老拙寄于维畿尼亚马克林天松阁

代向袁行廉道友致意问好

一九八五年十一月一日

Huai Chin Nan
6926 Espey Lane
McLean, VA 22101
USA

AIR MAIL

1985.11.1

劉雨虹女士啟
台北市雲和街53號
Taipei, Taiwan,
Republic of China

雨虹道友如见：

　　十月五日信多日前已收阅。因播迁事，忙乱不堪，迟覆，至歉。新址、电话，均如此纸右上角所载，不另告。所云七月底，托便人带来之函，毫无记忆印像，也许没有收到，而且极可能没有收到，收到我必会覆信告知你。此间已秋高草衰，准备步入严冬节候，我心如冰雪，一切当俟春暖花开再定行止。徐进夫夫妇事，固然又是如此，"人生都是赌输来"，又复何憾。匆此　祝

平安

　　　　　　　　　　　　11.1.

　　　　　　老拙寄于维畿尼亚天松阁

按：

　·徐进夫是老师的学生，当时在闹婚变，他从事英文翻译中文的工作，许多铃木大拙的禅宗著作，都是徐进夫翻译的。

第十五封

一九八五年十一月二十八日

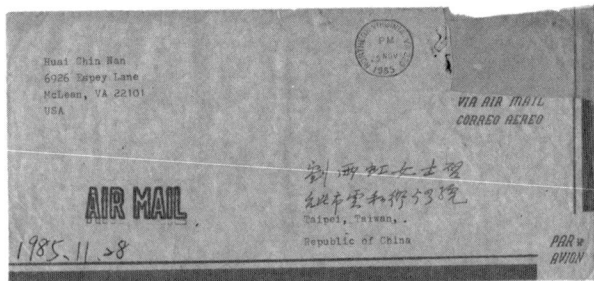

Huai Chin Nan
6926 Empey Lane
McLean, VA 22101
USA

VIA AIR MAIL
CORREO AEREO

AIR MAIL

1985. 11. 28

劉雨虹女士啟
老古文化出版公司
Taipei, Taiwan,
Republic of China

PAR
AVION

VIA AIR MAIL

雨虹道友左右：

十一月十五日手书阅悉。书到之日，正文光在台北之时。故我处无驾车及外出投书助手，稽覆乞谅。但此事今已解决，另有同学远道专程来此帮忙，一切均如旧时矣。来信言：前曾有一信夹在十方同学报告中，不知此时此信何以重提旧事？因十方书院同学之报告，除本年八月底收到一次外，至今皆未接有第二次报告。如你的信夹在上次的报告中，应已有所覆了。如后来另交，则至今未见。但想来应无特别重要事故，时移境易，一切皆如昨梦，不足道也。美国情形，在我观察中，一切大不如理想，除了地大物博人稀之外，到底是根基不厚，文化肤浅之区。详情容后写专论再说。唯一好处，

可适吾辈隐居，但当然需要有足够的生活费方

可。匆此，祝

平安

十一、廿八、

老拙

第十六封

一九八五年十二月十三日

雨虹道友左右：

文光来，携转手书，阅悉。所谓前交秀龄置手提箱内信，均已阅悉，因不关重要，故屡次回信均未提及。承蒙冯先生及诸先生之关爱，至感。其实我无所求于世，且亦无用世之心，夷险艰难，于我均无所谓，故一切不介于怀。如冯先生再问，请代我致谢，容图他日另行报谢雅意。道友之出处，似以归家稳坐为上策，如能过道人之云水生涯，行脚来去，自由自在，实至乐也。美国，确非胜地，自我来此，经过五个月实地仔细观察，弥觉昔日我所认定之美

国，并无谬误，惟未能身到其地，不敢妄作狂言，恐常人之难信也。此间严冬已临，正准备拥雪围炉修禅定矣。匆此　祝

平安

十二、十三夜

老拙

按：

·老师所谓"以归家稳坐为上策"，是一句修行的成语："归家稳坐"，不是世俗的归家。

·冯先生名遂福，是美国 VMI 军校毕业，当时在港与大陆有来往。冯夫人是我外甥女（袁小毅），故而介绍冯给南老师。

第十七封

一九八六年二月十七日

Huai-Chin Wan
8926 Espey Lane
McLean, VA 22101
USA

VIA AIR MAIL
CORREO AEREO

劉 雨 虹 女 士

1986 2 17

Taipei, Taiwan,
Republic of China

PAR
AVION

雨虹道友左右：

近况如何？行止何处？均在念中，便中盼告，俾释所怀。此间风雪严寒，景物颇宜高卧围炉。春暖花开后，行旅何处，犹难自料，欧洲、日本，亦在考虑之中。专此　即颂

春祺

85.2.17

老拙

（按：应为一九八六年）

希代候行廉居士安好

第十八封

一九八六年二月二十四日

丙寅元宵后一日

稍煞寒威雪犹封　蓓蕾百卉待春容

传心辜负西来意　浮世难留过客踪

又见白宫播木偶　常怜黄屋走蛟龙

铃声莫问当前事　万里飞鹏愁万重

时在 1986.2.24 日

南怀瑾未是草

按：

·这是我和老师的诗：

冬去春来古今同　百卉春容秋亦容

西来达摩原多事　既是过客何留踪

愿打愿捱木偶戏　黄屋并非尽蛟龙

成佛本来事更多　何必飞鹏愁万重

附：

怀师作《丙寅元宵后一日》诗典注：

传心——禅宗以心传心，唐相裴休录黄檗禅师法语为《传心法要》。

黄屋——"黄屋左纛"，见《汉书·高帝纪上》。后世称帝王车服之代词。东方诸国古制亦常习用。

铃声——晋石勒与佛图澄法师同坐，忽闻风吹塔铃声响，勒问国师主何征兆。师答：明

058

日出师大利。后人称法师闻铃语即能卜知劫运。

　　白宫木偶——此语作于一九八六年二月廿四日，正当菲律宾总统马科斯出走事件。

　　　　　　　圆观记　时客维吉尼亚天松阁

第十九封
一九八六年三月二十一日

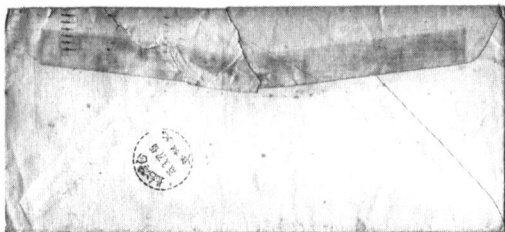

雨虹道友如见：

三月十五日来信及附诗均收到。诗写的很有意思，但能表达思想和情感，当然便是文艺的好作品。陶蕾的地址电话我没有，再写来给我也好。惟恐人事复杂，如不复杂，何妨一见再说；人老了总是可哀的，这就是欲界的人生观之一。叶老及曹小姐，只是上次通电话一次，至今无消息。他们没有留电话，如果留了，倒使我很难办，难以处待。总之：高年人就是高年人，一切无能为力，亦无足为也。此间大有希望的中华民族的中青年人，很多，主要的都谈过，几乎有人同此心，心同此愿的大势。但我还在考察中，大致已答应他们，时节因缘纯熟时，可为他们集体讲述中国文化以及他们所希望的意见。

近日或将有巴拿马之旅。匆此　祝

平安

86.3.21.

老拙

叶曼来信说，从智告诉她，请她当书院副院长，已经我的同意；而且大家都如此说，再办书院及招生，都得我的同意。甚之：说是我的意思。难怪古人都被后辈冤诬，我一离开，也几同古人了，可笑又可叹！反正，一切不管，放下了，管他妈的！

按：

·叶老是叶南，晓园大姐的丈夫，即叶楚伧的儿子。

·曹是叶南的女秘书（当时）。

第二十封

一九八六年三月二十七日

雨虹道友如见：

　　三月廿一日信及附来原支票五百元均收到。阅后，不胜感叹，你是诚意，我岂有不知之理。但我亦最关心是你乃至诸至好之生活，自恨无力足以助人，此亦是我之诚意。现在办法，只有先收下代为储备，以免道友心所不安。盛情不言谢，只告知已收到了。同日亦收到南老自香江来信，暂时不来，正中下怀，因我近日将有巴拿马之旅，约旬日方返华府。且诸人事，均未就绪，来时招呼亦颇不易为也。兹附印其原函，备你知之，匆此　祝
平安

86.3.27.

老拙

请告知南老之字，以便覆信。

南老师：

　　上周原拟拨时到华盛顿晋谒，旋因去中部接洽业务致未能如愿前往。现又因东方事务需返港，幸于六月中再将返美，当趋访也。专此布噎（按：别字，应为意）并颂

时绥

　　　　　　　　　　　　叶南　敬上

　　　　　　　　　一九八六年三月廿三日

　　按：

·这是叶南写给老师的信。

第二十一封

一九八六年四月八日

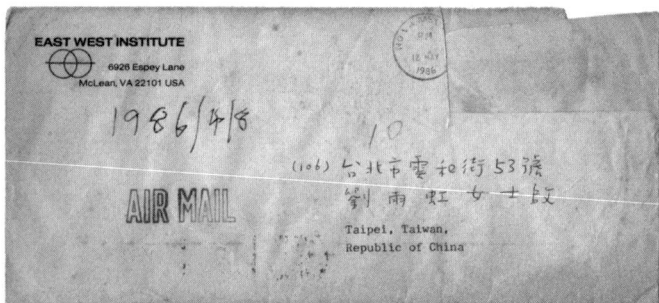

EAST WEST INSTITUTE
6926 Espey Lane
McLean, VA 22101 USA

1986/4/8

AIR MAIL

10

(106) 台北市雲和街53號
劉雨虹女士啟

Taipei, Taiwan,
Republic of China

雨虹道友左右：

　　附有陶蕾住址电话函悉。我即将与彼通话，但一问候而已。至于你所想像，陶蕾专走修持或助作文化工作，依我猜测，绝不可能。人生习气，不说往昔种性，但以今生现行习染言之，谈何容易变化气质。朋友关心，一相问讯，已很好了。其实，此间中西青年、中年人才也不少，只是我心情疏懒，但偶一法布施，不思大张旗鼓，也许正如你所说人老了，不用了。我所谓中西青年中年，当然包括如楠老（**按：叶南**）、曹小姐等同路人也，此辈亦皆甚有心有志，惜限于财力，不能普遍广覆慈云耳。匆此　祝
平安

86.4.8.

老拙

何风寄此一文，已阅。当由文光转去，可能稍迟。

第二十二封

一九八六年四月二十二日

雨虹道友左右：

　　四月五日由王同学携转手书，阅悉。诸事平安，请释念。前信说会与陶蕾通电话，也曾通过一次，因忘记彼处时间与此地相同，夜里打扰他，甚为抱歉！赶快说明仅是问候之意，别无他事。过后思量，不妥，恐增人疑惑，又补寄一信，再三声明只因多年未通音问，关心问候之意，并无任何事情，终亦得到他的回信。我想，无事不生非，稍迟作答，作礼貌上致候即好了！我于六七月间，又将搬迁新屋，劳劳碌碌，真是烦人。此祝

平安

86.4.22.

老拙

第二十三封

一九八六年五月八日

EAST WEST INSTITUTE
6926 Espey Lane
McLean, VA 22101 USA

AIR MAIL

1986. 5. 8　12

劉雨虹女士啟
雲和街53號
Taipei, Taiwan, 台北市
Republic of China

雨虹道友左右：

五月二日信及与陶蕾往返书简等均收到。你的色身不见得有大病，但能专志使神（心）气合一，寂然久定在气住念住之境，不但可安然无恙，且当有返老之功效也。

我因为新购住屋事，正忙于计划加建及迁移，约在六七月间，可能先住进去，完工当在秋后。此屋乃素美姊弟之力，暂可为我栖迟也。

行廉居士与陶蕾都属一般常例人物，不足为异。专此 即祝

平安

86.5.8.

老拙

第二十四封

一九八六年六月三日

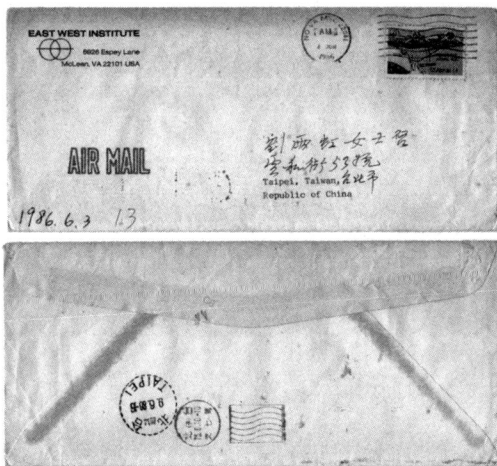

（你可向香港购入麝香虎骨追风丸试服，于腿或有效）

雨虹道友如见：

五月廿五日函悉。《习禅录影》英译版已出书，近日正嘱文光购进百本（赠送用），并寄老古十本，要陈世志分送你及叶曼各一册（不管她做何感想）。你如再需，可向老古拿，说记我名下即可。老古不可做广告，此事需要与出版商办手续才可。但英译本，台湾不见得有销路。

你致文光信，因附在信封内，我已看过了。何风、文颢儒文章，看都看过，一切无意见，但存其真而已。此事你已多年发心，但我始终笑而答你，勿做此想，因我对数十年来接触的人，都已"了了"，既〔即〕使打个零分，也懒得画一圈。其所以仍肯讲讲，勉强应酬，无非是自做慈悲布施。再说透澈点，也无非是自寻开心，聊当消遣而已。

××前日打电话来，告诉我实在写不出，请我原谅。我问他什么事写不出？他说是接到你的通知。我当下即告诉他，此事你向刘老师去说，我一概不管，为什么为了此事打长途电话给我？你看，如此这般人，有何话说。凡此等等××，我早已厌倦万分。总之：我仍劝你勿存希望。你的用心，我至为感谢。

你的房子不是已处理好了吗？怎么还可以久住此处？大概交割手续还未清了，是吗？

近日我又为计划搬家事忙，约须两个月，或可稍安。新居乃传洪姊弟购入，现金七十万元。一切妥当，约需百万元。尘缘世福有限，至为可畏。明日飘然何去，殊难自料也。匆此

祝

平安

86.6.3.

老拙

按：

·因为我编《怀师》，向各学友征文，有人反对编此书，有人不愿写文，但我编《怀师》的目的是为了南师七十之寿，希望学友参与写文。

第二十五封

一九八六年六月四日

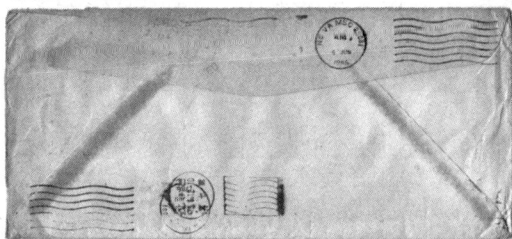

雨虹道友左右：

　　昨夜写了一封信给你，好像是语焉不详，或意犹未尽，我也懒得去审察。总之：想想，须要补写一封信给你。你发心翻译的《习禅录影》，已经出版了，套句成语说：真是功德无量。但此功德，只是我个人对你的心领盛情和诚意，所谓感谢莫名。因为感谢你的盛情和诚意，本来不想多说一句话，或任何一个字。说了无非是客气的套语，于事何益。但此书能在美国的社会，发生多大作用，或有多少影响，我是一向不抱此希望的。不但美国如此，其他地方——任何国度亦复如是。

　　我来美国，一下飞机后一个月内，我已完全确定我在国内的看法一点没有错。直到现在将近一年，观察的更深入，接触到此邦的上层社会中的才俊，对我原先的认定，还是一样，甚之：更加相信我的观点是不错的。详情无法细告，你是聪明人，我只大概列举，你应知之。

我在此接触到人物，有军政及其他社会人士，以及主要广播电台的主持人，乃至医生和少数学者。仍然一如在台北一样，我的招待，还是茶烟和吃便饭。此外，财法二施，等无差别。除了他们为了身体健康，偶叫同学们教教他们静坐之外，绝口不谈佛，不谈禅。因为这些高不可攀的东西，对专重视现实和快速成效的人们，是望望然兴叹而已。而且最重要的，是此邦人士，大半倾向于神秘的迷信，或者说：是新时代式的迷信神秘。再不然，就是快速见效，不求准确。举例来说，我曾非常有趣的为他们本土人士治好十多年无法根治的花粉热，或者风湿病。当然，人数不多，况且我也不愿意冒充医术。当然，他们也希望大事宣传。又例如有一个神秘的团体，约有一万多中上层阶级的人，正好碰到那位领导的灵神者死了，但团体还在，倘使我肯为他们解答问题，是可以设法抓住的。但我惟付之一笑，以后再说吧！当然，这比什么中国寺院或卡普乐的禅堂，影响力大的多了。还有，纽约和华府电台一二位主要节目主持人，也希望我能起而大做宣扬，我也说再说吧！只是朋友相处而已。

此外，国内来的高级子弟留学生，也有所接触，他们也是深深感叹将来的国家前途和中国真正文化的命脉问题，乃至种种问题。我也只有尽其在我，视之如子女，尽量开导，答应一有机会，可以集中起来为他们开班讲学，总答所有问题。文颢儒在加拿大，正在他自己国家政府中，担任工作，是辅导大陆来加拿大的留学生。他正在为我们工作，努力介绍《论语别裁》和《孟子旁通》以及其他方面，做人和处事。他把有的留学生看了《论语别裁》以后，写给他十分感激的信，再影印寄来给我看，使我看了无比感慨。

不料一个文颠儒，能为我们国家民族做出如此功德。真有"无心插柳柳成阴"的况味。而我们的人呢！不但一无所成，甚之，完全相反。

至于佛教方面，除了那些中心惶惶无主的我国我民外，对于美国，可以说毫无意义。不要认为少数美国人也来学，其实，一切如我在国内所说的：第一流的美国人才，趋向工商业，争取效率发财。第二流的，才从事政治和科学。况且目前科学正闹才荒，青年人才缺货，只有一批老的科学家。第三流的，勉勉强强从事人文文化，教育和社会活动等等。末流的，才来学佛道和打坐，禅或密宗。而且大半藉此糊口，好吃懒做，一无所能，或精神心态不太正常的。

据美国一位朋友对我说：卡普乐那边，大半属于这一类。而卡的日本味太重，不受人重视云云。反正，我既不能去捧他，亦不须要他来捧我，因此，保持距离，一切无所谓。不但卡普乐处如此，既如其他方面，我也如此。

总之：我的去住问题，要做什么？怎样做法？我自己都不知道，更未一定如何若何？一切都还在观察和渐求熟悉而已。尤其最近为了新置房子（谅素美已和你说过），还需加盖，方能放置图书，可能还有两三个月的忙忙碌碌。当然这些都是李素美设计，和他弟弟的力量，我只是暂借枝栖而已。同时此邦的上流社会所有人物，也是他弟弟的关系，一手形成。然而我呢！总有"入世逢迎拙，依人去住难"之感。此处所谓依人，是广泛的依人，至少我们是借土生根，谈何容易。况且日用开支，咄咄逼人，苟无大力者护法，实不可一日居也。

显老曾代表纽约大觉寺、庄严寺来请演讲，一笑辞谢。其他如加州等地，亦是一样。为何如此？我实一无所能，实无一法足可以予人，只能先求静观再说。人生到此，况味萧然！不过，在此期中，阅读了不少没有细看过的闲书，解答现代史上许多问题，使我对中国文化更加无限的殷忧（不是隐忧）。匆此祝

平安

86.6.4.

老拙

按：

·《习禅录影》其中的一篇，由一位美

国学生文洁苓，和我合译，立名为 *GRASS MOUNTAIN*。

  ·显老即显明法师。

第二十六封

一九八六年七月二十七日

EAST WEST INSTITUTE
6925 Espey Lane
McLean, VA 22101 USA

AIR MAIL

劉兩虹女士啟
雲和街53號 台北市
Taipei, Taiwan,
Republic of China

1986. 7. 27

雨虹如见：

有关唐社长、陈世志两篇，我已浏览，管他们怎样说都可以，我无所谓。只是唐文最后有关我的通函，应该删去。

你身体好了，我很高兴。现在我尚在搬家，新址及电话如下：

EAST WEST INSTITUTE

901 Swinks Mill Road

McLean, VA 22102 USA

（703）848-2692

另一电话 703-847-9355

匆此　祝

平安

86.7.27.

老拙

第二十七封

一九八六年八月八日

志心净土，应为一大佳事。可贺可贺。

雨虹道友如见：

来函收到（未记日期之函）。知将有东南亚之旅，人生际遇，无可无不可，如此亦好。周医师处方，甚为通达，可谓良医矣。唐、陈二文，应改应删，悉听尊便，影印本大约不需要寄还，故不付邮。惟世志文中有贩夫走卒，写成饭夫走卒，或是故意点缀在场实况。最末有牵其衣裾之裾字，误为踞，必须注意查清楚。

我尚忙于居住布绪，近日殷曰序、黄恩悌都赶来做劳工。李文全家亦到此，月底返香港。余不赘。祝

平安

86.8.8.

老拙

钟居士丧偶，盼代慰问。

按：

·钟居士为台湾交通银行襄理，学净土宗并参加禅学班，寿至九十九。

第二十八封

一九八六年九月十日

雨虹道友：

你如赴新（按：河南新乡），能接洽好可以批准成立图书公司或出版社（老古名称亦可），那就太好了，我们可另组织一公司来办。如书的少数地方须略删，亦无不可，因当时记录讲稿，为时、地关系，只能如此说也。至于其他细节，到时再说。此致　祝

旅安

86.9.10

老拙

第二十九封

一九八六年十二月十日

EAST WEST INSTITUTE
901 Swinks Mill Road
McLean, VA 22102 USA

AIR MAIL

劉雨虹女士啟
宣和街5巷號
Taipei, Taiwan, 台北市
Republic of China

1986.12.10· 16

雨虹道友如见：

十二月三日手书今收到。

剪报两种亦收阅。

寿公只能如此表示，不必再说了。

你能先卖了屋还债最好，反正一身轻，决对不会饿死的。如有困难发现，当立即通知我，至少不能使你贫无立锥，衣食有亏也。切记，不可存客气之心。

明年二三月出书事，昨亦电话陈世志，稍迟一点无妨。反正你的发心，有愿必成，至于说内容吗？只可付之一笑了事。

你每次来信，浆糊封口，往往贴了信纸，

常会将信纸撕破。反正让人检查，略沾一点糊就好。祝

平安

86.12.10.

老拙

按：

·寿公是刘安祺。

·陈世志当时负责老古，出书是指《怀师》这本书。

·所谓卖屋还债是因离婚后二人要分财产，房屋是在我名下，但是二人共同财产。

第三十封
一九八六年十二月二十九日

雨虹道友：

寄上诸稿，望你仔细斟酌改正增删之。文光稿，是同学们在其稿件中找到的，真是未完的遗稿，由你加按语说明可也。并附上他出事资料的中英文剪报。原稿附语，是洪文亮当时在现场时所记。似有言未尽意之嫌。文光走了，我真难办事啊！

86.12.29.

老拙

按：

·诸稿是指学友为《怀师》所撰之稿子。

·朱文光在此年的圣诞夜意外被大水冲走。

附：编者撰《念文光》一文（刊登于《人文世界》一九九六年十一月第一卷第四期）

念文光

世界上如果真有十全十美一类人的话，毫无疑问的，文光就是一个。

从外表来说，文光是一个很端正的人，清纯潇洒的容颜，带着天真无邪的韵味，眼中亮澈着智慧光芒，超尘绝俗。

说到他的学养，除了加州柏克莱的博士学位外，他更涉猎了极广泛的知识和学术，以《易经》的英译和著作而言，就已经是英美学术界公认的高段了。

最难得的是他的品格，高贵、君子、美玉无瑕，确实是与生俱来，完美无缺。

他是一个奇妙的人，永远在不停地工作着，连休息的时间，也要顺便做一些事情。

我是一九七〇年认识他的，那时他刚由美回台，在台湾大学担任客座教授。那段时间，因为距我住处较近，常利用休息时间过来聊天。对他来说，只是路过聊聊而已，对我而言却获益良多，也使我稍稍了解他学识的渊博。可是他是不会闲聊的，时间宝贵，他看一下手表，站起来就告辞走了。他有一定的事程表，不管如何，他要按照进度表做事，决不懈怠。

后来有一年，他在美国工作，利用下班时间，他翻译了《静坐修道与长生不老》一书，在美国出版。在这一年中，每天下班回家，煮一碗生力面加一个蛋作为晚餐，整整吃了一年，吃面后即刻开始工作。"所以呀，"他告诉我说，"我听见生力面就怕了。"他说这话的时候，脸上荡漾着天真的笑容，没有半点自怜或气恼，好像他说的是别人一样。

文光对人的忠诚是无法描述的，认识他的人都会承认这一点，只要他允诺的，绝对会办到。有一次，他为了帮人办一件极困难的事，焦急万分，我又发现他要帮的这个人，平时对他并不友善，于是就建议他作罢，反正已经尽了力，不成也就算了吧。

岂知他却说，"不行啊，我已经答应他要办妥，所以一定要办妥"。文光就是这样的一个人，后来他真的办妥了。

文光做事能力极强，效率也极高，一般人请客作陪等，他向不参加，以节省时间，日久习以为常，也没有人怪他。他动作快，超乎常人，有一次，我要写信给美国的出版商，讨论一个问题，写了几次就觉得不妥，不免去找文光商量。他说：这个问题只要如此这般，一句话就够了。说着说着就拿了一张纸放进打字机中，我看他一边说话一边要打字的样子，还认为他对我的事不认真，岂知哗哗啪啪几下子，他把信纸由打字机中抽出来说："我替你写好了，如果同意就签字吧。"

果然，只有一句话，简洁明了，不禁讶异他处理事情的明快。自那次以后，我也丢下了起承转合的包袱，虽然没能学得太像样，倒也进步了不少。

每次收到他的来信，多半是三言两语，说完了就算。有时一大张信纸，只有一行他的工整小字，却也不觉突然，反正该说的都说了。

难怪他一人肩负了五个人的工作，认识他的人，都会承认这个说法。他思想敏锐，做事有条不紊，动作快，就像他走路一样，永远是匆匆的，急速的。

我一向懒散，有了文光这样的朋友，真是方便太多了，在需要某些资料时，给他一通电话就解决了。他乐于助人，知无不言，言无不尽。他有一个朋友，花钱如流水，时常找上他救急。有一次我就建议他，应该劝劝这位好友，花钱留意些，不能像流水一样。文光笑着说："我光想发个大财，好给他花个痛快！"听了这话真使我汗颜，原来他是这样的气量宏大。

与文光相处，感觉轻松自在，毫无压力感，因为他祥和谦恭，不变随缘。他乐于助人，却从不麻烦任何人；更难得的，是他那平静随顺的脾气，不论事情有多么多，他从不皱一下眉头，只是快快地去办。被剥夺的，是他睡眠的时间，有时他会说：忙死了，昨天只睡三小时，现在就想大睡一觉。他一边说着，一边露出那惯常的稚气童真的笑容，又好像他说的是别人一样。

在任何团体中，文光都不会有人事是非的，有人说是因为他长了两只大扇风耳，挡住了一切是非和谣言。是的，谣言止于智者，他就是智者。

但是他也有对人不满的时候，当他批评一个人的时候，脸上照例挂着那稚气童真的笑容，你听了他的一番话，会发现某人办事的误差，却毫无人事是非的纠缠。

有人常会觉得文光太过方正，有些书呆子的气息，这一点我是不能同意的，因为我早已发现他调皮的一面。例如有一次，我邀了几个朋友吃饭，文光也是其中之一，事先我曾问他喜欢吃什么菜，他只说什么都可以，让其他的人说吧。其他的人也没有意见，我就先建议吃西餐。

文光立刻说：夏先生从美国刚刚来，不必吃西餐了。

我又提议吃同庆楼，文光急忙又说：面食可能不好消化。

这时我们已走到永康街口了，看见一家浙江餐馆，我又建议吃浙江菜。

其他人立刻赞成了，文光也就没有再说什么。岂知在经过一家四川餐厅门口时，他忽然又发言了，他说：每次吃了浙江菜就拉肚子。

我们大家立刻停住脚，正好在四川馆的门口，我只好说，吃四川菜如何？大家又都同意了。

进去坐定之后，他一边脱外套，一边说："我最喜欢四川菜！"他的脸上带着稚气童真和胜利的微笑，我们大家也都跟着笑了。

文光也常在大伙儿吃饭时，说出一则笑话，他那不大善于言词表达的笑话，别有一番幽默的味道。当他要说笑话逗人开心时，令人有一种温馨充满心头的感觉，他是大家都喜爱的朋友。

可是，他却突然走了，干净利落地走了。

如果宇宙中有光明清净的乐土，那一定是文光去的地方，他那光明磊落的品德，舍己为人的胸怀，努力不懈的精神，以及数十年玉洁冰清的生命奉献，有什么人能够相比！除了他，还有谁更有资格到那个光明的仙境去呢！

第三十一封

一九八七年二月十八日

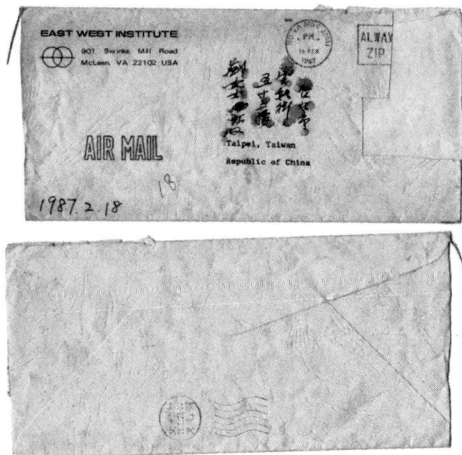

雨虹道友左右：

寄来大作序言及袁大姊文皆已收阅。

序写的很好，简洁扼要而善颂善奖。唯第三行首句"窄一看来"的窄字，是笔误，应用"乍"字才对。

袁大姊文亦好，坦率纯真。唯"逆龙"应改为"孽龙"才对。"逆龙"从无此称。又：对于《雍正语录》及《心灯录》一节，有一句"并指点我要注意看序"，应改为"并指点我要注意看他的序言"。

有关孙太太林美年前年交来一万，今春又来一万，共计两万，统已交彼亲自带回。彼此

两不欠负盛情，大为爽快。特此并告。即颂

春祺

86.2.18 夜

老拙

（按：一九八七年）

按：

·《怀师》一书的前言（即序），我写好寄给老师看，得到老师的赞美。（不好意思啊）

第三十二封

一九八七年三月十一日

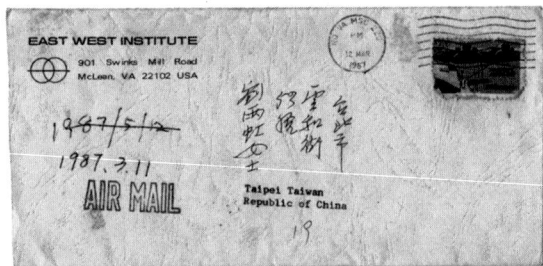

EAST WEST INSTITUTE
901 Swinks Mill Road
McLean, VA 22102 USA

1987/5/2
1987.3.11

AIR MAIL

劉
西
虹
女
士

台
北
市

雲
和
街

路
巷
新

Taipei Taiwan
Republic of China

雨虹道友如见：

正欲写信，恰好接到你三月五日的手书，请你顺便代我向 寿公 和公 启宗兄诸位道谢，远道赐电，可感之至。 寿公前岂敢言寿。

袁大姐的盛情，亦请代谢至感！

陶蕾乃散仙中人，无法自我作主者，一笑。

你来信说，为房子事，需要她去帮忙吗？因你来信语句含糊，看不懂，故有此顺便一问，不关重要。她也年岁不少了，应当珍摄。目前我处仍在安置书籍等事务中，需要的劳力与头脑。余正如来，解决了厨司问题，但我仍不希望如台北，经常有不速之客来，殊为不通世故人情之辈。叶翎来，中文记录，可以解决了。

英文翻译，高手难，通这不通那，都不行。全通的，不会来。出高价亦不易找。而且我不想在此宏化，并非急需。

也许夏秋或秋冬之间，我将远旅欧陆等地，一行时日多少，不得预料。

祝

平安

87.3.11

老拙

按：

·王启宗也是老师的学生，是我小学同学。

·叶翎是个作家。

第三十三封

一九八七年四月二十九日

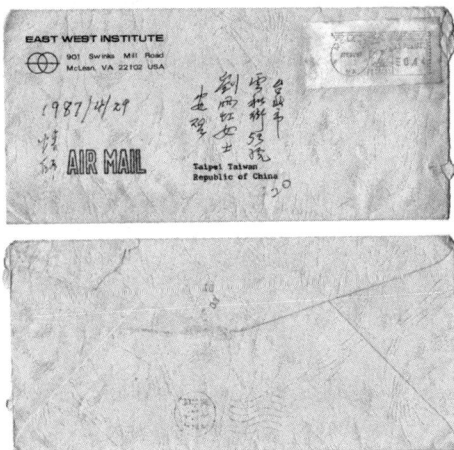

雨虹道友左右：

有关此次借题发挥诸文，颇有可观，但整体出书题目，我还在想。

内容方面，正如与你通话，周勋男、汤宣庄新闻稿等，涉及妻子部分，皆删，或换句方好。李淑君文有关收费两大节删去。最后李节出资的亦删去，此皆为将来再说。又，蒲（按：甫）与李淑君说《论语》一稿，不必两人合写，实际是你写的：（一）去掉李之名，一并附在你文后，还其真实。（二）二人名去掉，作会里编辑室稿，并注明何年月刊在何处。且将此文与汤宣庄文放下（按：在）本书最后作附件，注明汤文年月日期，注明是新闻稿。（因文字生涩不润之故）

全书次序，最好安排，照你意见，第一篇是唐树祥的。第二篇王启宗的。第三篇你的。第四篇朱文光的。第五篇闫修篆的。不过，闫的文字，仍多可俭之处。又引用《维摩精舍》原文，须对查原书，错字颇多。

接着，便是李文、文颢儒、王海岚等。

出家人是一组，但禅定的是此组最后。詹阿仁并在前（按：出）家组之先。最后，是古国治、陈世志、洪文亮。

每人须通知征求意见，用本名、年、籍、学、经历（简要的）。如他本人认为不便，视为本无诚心，何必应付，去销了不用。

出家人用法号，随他便。本属可有可无，且不妨碍他们的教内前途为要。

原稿寄来，已阅过，用红笔改正错别字，而且将原稿寄回，备你参考。

又：本书主编，就用你名，事实就是事实，我们不必回避。将来事将来再说。

此书完了，极须将文光的书弄好了债。

然后，我可能动，你也许要动，到时再连络。

匆此　祝

平安

87.4.29.

老拙

按：

·讨论有关《怀师》的稿件。

第三十四封

一九八七年四月三十日

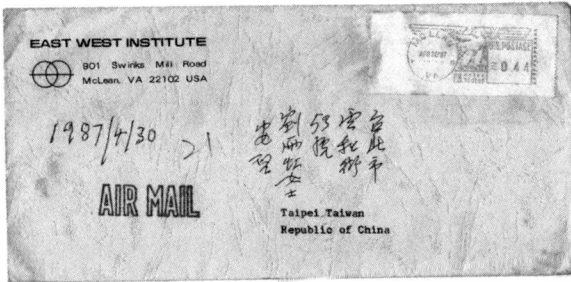

雨虹道友左右：

今天文光火化后检收灵骨，为了明天送到纽约庄严寺安灵（寄放灵骨），所以张炳文夫妇自纽约来，带来他上次顺便带去你写文光的一篇文稿。炳文在《北美日报》任职，他就代你发表了，我也不知道。他还说，稿费他会叫报馆寄来，我说，那是小事，雨虹不靠稿费吃饭，你偷了我这里的稿，该罚，彼此一笑了事。今将剪报寄上。

有关寿文稿（按：指《怀师》一书，这是为纪念老师七十寿而编的），你该删整，就大刀阔斧处理。此致　祝

平安

87.4.30.

老拙

第三十五封

一九八七年五月二十日（之一）

（有关尚德文章等，迟一天，另大封付邮，应稍迟到二三日）

陈世志同此

雨虹道友如见：

函悉，书名可采用唐社长意见，但为了较久较深意义，正书名可用"怀师"二字即可，副名即用唐社长所命名。佛说一经，往往取用几个不同的经题，今人亦有师法佛经故智，一书多名。此二题都可印出，但副题应排列不同。总之，唐社长意见不错，如何决定，由雨虹道友与诸公确定可也。

张尚德文章及信都收到，我亦看过了，但《算账》一篇，应采用原先在《时报杂志》及《十方》刊载的原文。最近一篇《天下第一翁》，妙题也。只怕我当不起他的恭维。我已用红笔勾划过，没有用红笔勾划过的都应保存。关于最近他充当传教师接引人的这些，一概暂置，且待以后再说。但我更希望他平实的述说由他最初如何与我见面（包括殷海光与我见面因缘），如何一双无底皮鞋，如何自己刻苦读书，在田里挖红茹（按：应指红薯）吃，如何有今天如此落魄（也许这段简略隐约一点），最后才是天下妙翁这几句的结论。

另一信，请交张尚德。

有关道友出境事（按：当时我被限制出境），定静以待之。或可请闫道友查查情况。总之，暂不强求可也。天下事人算往往不如天算

的。匆此祝

平安

87.5.20.

老拙

　　按：

　　·关于《怀师》第一函。

　　·唐为《青年战士报》社长唐树祥。

附：南师致张尚德函

雨虹道友　世志同阅

尚德如见：

　　寄来文稿与念佛录音带均收到。你不应在
此时此地以传教师或禅师姿态出现，只怕不成佛，不怕没有众生度，你应再蕴酿成熟，将来可为一方之荫也。

你如能自有办法来此，我极盼你能速来，然后再谈今后前途。至于来此路费机票，即凭此信请　世志先付，在我名下支用。

文章如何处理，可取阅我致　雨虹函便知。专此　祝
平安

87.5.20.

老拙

第三十六封
一九八七年五月二十日（之二）

雨虹道友暨世志如见：

　　我要尚德补写其少年读书时的苦况大略，与我相见后等等片段，是为后辈教育与自立的借镜。其重要比写学佛参禅的功德更为重要，当然，不是写自传那样（自传他以后再说）。同时，也是暗示将来为人师长或长上的，应该如何爱护后进与培养后进的借镜。此意须知是借题发挥的作用。故特补说明白。

87.5.20晚

老拙又及

按：

· 关于《怀师》第二函。

第三十七封

一九八七年五月二十一日

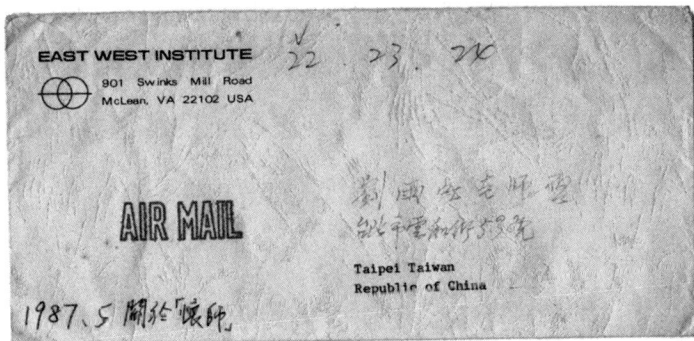

EAST WEST INSTITUTE
901 Swinks Mill Road
McLean, VA 22102 USA

AIR MAIL

1987.5 關於「懷郷」

劉國松先生收
臺北市和街53號
Taipei Taiwan
Republic of China

22   23.   24

雨虹道友、世志弟：

今天上午刚叫黄恩悌寄发一包张尚德的文章后，承宏忍师在书库杂堆中努力找，总算找到了张尚德的旧文一篇，很高兴，今寄上。望你两位与尚德商量，如何剪接，我很希望保留这一篇旧文的原貌和原意。甚之，我想，过去在台湾，我用红笔删去（现有打 × 的痕迹）都应恢复，保持原状。当然，这要由你三位研究决定。假如在此地，一切皆无问题。在我，我是无所谓的，反正很快要出文光的书，文光的家世遭遇，坦然说出，更为惊人和丢人（不是文光丢人，是居高者吃不消），这是我必须要做的事，我已很多年忍住春秋之笔了。春秋笔也快要生霉烂了，真不是味道。

总之：尚德的，不必新写，只把这几篇旧

文连接起来就好了。

　　匆此祝

平安

　　　　　　　　　　　　87.5.21.

　　　　　　　　　　　老拙

　　明后天又有一包我的诗稿到，决心满了世志的愿，要出诗集了。

　　按：

·关于《怀师》第三函。

一九八七年六月十二日

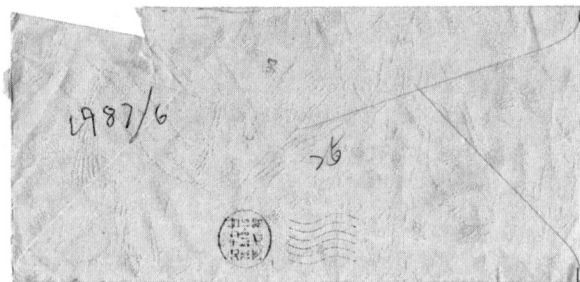

EAST WEST INSTITUTE
901 Swinks Mill Road
McLean, VA 22102 USA

AIR MAIL

1987.6.12

劉雨虹老師啟
宣和街53號
Taipei, Taiwan, 台北市
Republic of China

1987/6

雨虹道友左右：

六月一日手书阅悉。探亲乃好事，出入欠周思，此为意中事，亦无所谓痴，到时自解脱，姑妄且待之。

叶（按：叶翎）君写文，原为应酬话，你辈认真，则为不智，但彼此皆似做戏，我想你亦明知故作而已，今当早作了结为妙。

淑君文，无论如何改写，亦不过如此而已，亦不必等。如你们决心作，不管任何人情即可。水停百日即生蛆，夜长梦多，划不来。如手头拮据，即告知。专此祝

平安

87.6.12 夜

老拙

125

第三十九封

一九八七年六月二十八日

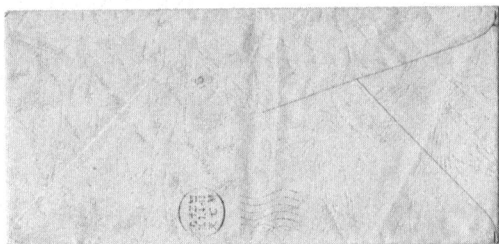

EAST WEST INSTITUTE
901 Swinks Mill Road
McLean, VA 22102 USA

1987/6/28 水

AIR MAIL

劉雨虹女士
住北市雲和街53號
Taipei, Taiwan,
Republic of China

雨虹道友左右：

六月十五日信函悉。

袁大姐要印的《金刚经》，已电话中告知陈世志照办，一切只是随人所愿而已。

你讲的两书未看过，如方便请转告世志买两本寄来，不便算了。

近日台北来客不绝于途，亦一苦事，余不赘。即祝

平安

87.6.28.

老拙

第四十封

一九八八年元月二十六日

雨虹道友如见：

　　信收到。玲玲此行，别无他故，只借重她
轻车熟路而已。至于引介等情，一概不在计着
中，无足重轻也。勿念。包卓立事，你说的都
对。我约于三日后赴港，可能在彼度过旧历新
春，如你能早日成行，或可在港一晤，得以畅叙。
临时或将约包卓立在港一面，但今未作决定耳。

专此祝

平安

88.元.26.

老拙

三

一九八八年八月～十二月

三封

一九八八年八月三十日

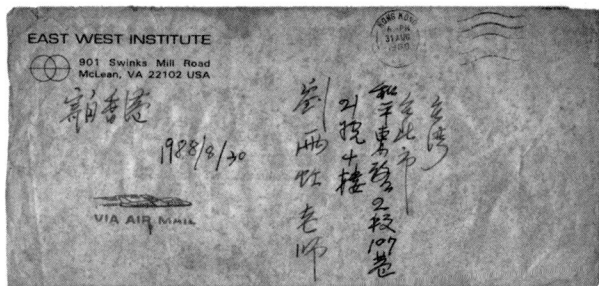

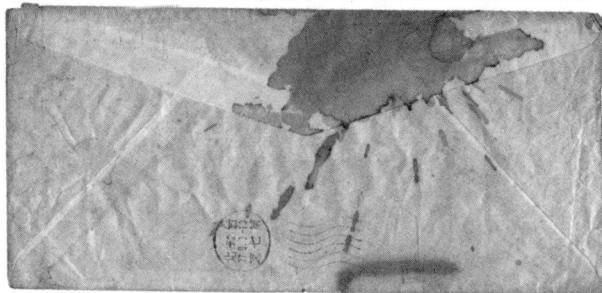

EAST WEST INSTITUTE
901 Swinks Mill Road
McLean, VA 22102 USA

新香港

1988/8/30

VIA AIR MAIL

台湾
台北市
和平東路
二段107巷
24抗十楼
錢穆老师

雨虹道友：

七月廿七日信早已收到，因忙且懒，稽覆良歉。所谓风云事，犹如肤痒之烦，不足为我之大患，应无所谓。来信中言及好马不吃回头草之譬，实有引喻失义之嫌，看来不觉可笑，然亦无所谓也。

行廉道友已来过，匆匆一晤，急急离去，且重听亦无法细谈为憾。据告，返港时当再来详谈云云。

我诸事如恒，唯厌此时气氛，是一障也。

祝

平安

88.8.30.

老拙

并谢关注雅意

按：

·老师一九八八年正月回到香港。

第四十二封

一九八八年十一月三日

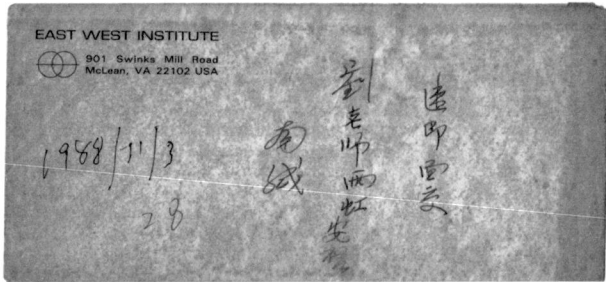

EAST WEST INSTITUTE
901 Swinks Mill Road
McLean, VA 22102 USA

1988/11/3
28

刘老师雨虹先生

速即密交

南城

雨虹道友左右：

你自云从地狱还阳。但我却见你发心更真切，可喜可贺。所提宏法找人事，我意求人不如求己，如你挺身而出，则你所提之人，皆可为辅。不然，此等人皆已根具增上慢心，一旦促其登席，爱之反成害之，永堕难返矣。如此等事，我已有经验，平生亲埋了好几位，如叶（按：叶曼），如夏（按：夏荆山）。甚之，×如×某，皆为离师太早，久久自入歧途也。总之，今人根基浅薄，不知师道之难，往往口作谦恭，实皆好为人师者，不可再作慈悲生祸害、方便出下流之举。至少，我见如此。

况且彼岸待救度者，数以亿计，正如你所言，他（按：指林中治）能返闽弘扬，实是一

胜事，经费欠缺，我当助之。余不赘。即祝

平安

88.11.3.

老拙

第四十三封

一九八八年十二月

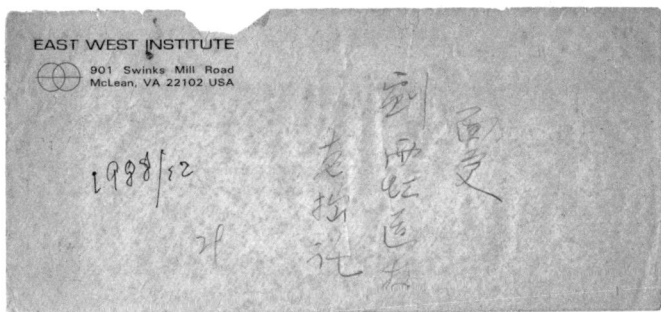

EAST WEST INSTITUTE
901 Swinks Mill Road
McLean, VA 22102 USA

1988/12

雨虹道友：

有关所谓显密圆通讲稿，纰漏百出，记录语气不相衔接，必须要重讲，至少要仔细修整。不可，切切不可滥竽出版，如世志经办后来所出诸书，不但台湾内外人士皆表不满，即如大陆人士看了，亦表示书（内容）好，只可惜未经修整，错误太多。

老古一开始，希望在此时代中出版书刊，不是欺世盗名，有益于世。但一自我离台之后，从陈世志开始，几乎（并非全部）所有出版，有念无意，皆变成欺世盗名之举。

你的宏愿甚好，我必促其完成，以满你愿。适李淑君返台经此，此讲及大体经过，他皆在场，今责成其从速修整，我再大致浏览一翻，如勉强尚可再说。

你的事，我极为挂心，须知老年友人难得，

一次相见一次老，他日之缘不可必。故每次要帮忙你，不是钱的问题，是心意问题。然而你固执甚深，亦不可强。现在我想趁叶翎（加祥）在台之便，你必须快办我所讲巴拉圭之件。也可做为我送你礼物，用不用，如何用，一切皆在你善自运用。望即与接洽。大陆方面，要此件者日多，皆愿出四万美元，甚之，六万多美元为之。由此可知，此物用处并不恶也。

　　因新病初愈，赶时付照凤夫妇带回，潦草之至。　祝

好

88.12.

老拙

139

按：

·老师最后花钱给我办了一个巴拉圭护照，可在各国都免签证，但我只用过一次。

怀师的亲手信

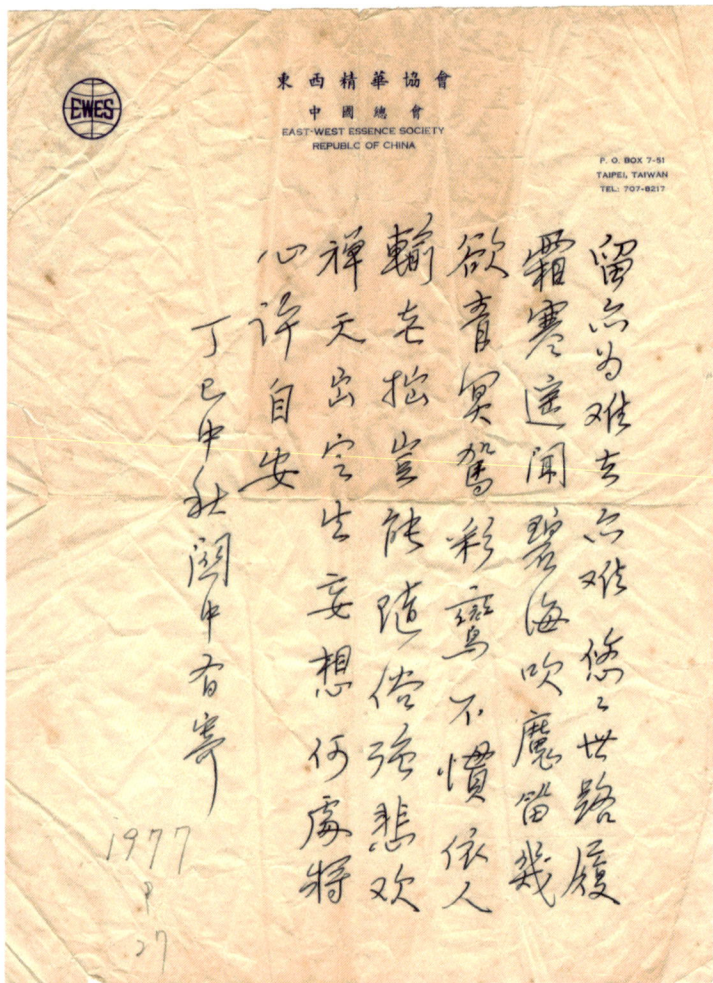

東西精華協會
中國總會
EAST-WEST ESSENCE SOCIETY
REPUBLC OF CHINA

P. O. BOX 7-51
TAIPEI, TAIWAN
TEL: 707-8217

留心為難去心難 悠悠世路履

霜寒遙聞碧海吹魔笛幾

欲賣冥鴛彩鸞不慣依人

輸老松豈能陪強悲歡

禪天出空生妄想何處將

心許自安

丁巳中秋閱中吾岸

1977
9
27

雨虹：自院市寄来信，知旅途
平安，甚慰。所谓美国人对佛教的
发展，及中国文化的推进，看法如何，
颇闻其详。或在暇中为撰一专文
报导，过几天，正好赶上人文世界
复刊这第二期。如何，自酌之。

听说夏屋又出售佛店，星报，将
素恐不止此些而已。

李烔已将我的自记

（新了阁）却寄

也些省些不却忘

143

寄给吕老太太了。今天又收到老太太

信，知道的。张ＸＸ李还找回来了。

所以见面聊（ㄧ）不提此事了，地区无

第二封信来，也没省此店事可说的。

此间一切如常，你老爷的纸底对

刻为由照真弟来看到了，很好。不过

照真大约不可能参加，因家人不肯

支持钱财，暂时是无法的。

此致敬祝

旅安　　十一月一日

师字

两、三、寄四三封信都收到，曾经回了一封邮
简寄给你，不知有无转到。不过，遗失
了也就算了，没有什么要紧的事。

不错，李游居正在孕育大的篇记，不知
那天才告游成！

刊物第刊说还不错。其想寄一份给你
你的旅行中游游消遣。

你来信所说旅美的况感，正好记得
我心目中所见游是不错的。

先行，真希望你随随时陆地写下来，
一定是一篇好文章，因为你有见地，有评
议，一定精彩。

陶藩如果有心，真應得一位聰慧業

也不是一生一世之地方也說。

一帆平安，勿念。昨說袁先生已上班開

你作生意了，紙廠也開始算加了，大概

卻很好，所以我沒有叫人打電話問

候。

此信不知你能否收到？所以只是試寄

一下。祝

平安　十月廿一日

師　字

（因係航空變動）

两好：11.18.来信及两张去票都收到，随着九号

真诚，我不收，正好我也有些地方要租用，就收了

吧！请你先化道谢一声，以后我再审慎。说是

不要钱。结果已是见钱眼开，哈，真有笑。

最禄的中国名字叫南国熙。英文名字此次：

Cadet Andy Sherill

女士的为人，早些看墨的。我也当面告

诉她不要胡来不逊，特来势两嚷我。其家，

他的一切作为，也曰利。不过，如此作法行为，

结果一空二无所为，出所以人让他造业造

147

游太不智了。你到纽约，叫她通过電話就扯了，！不是面，更有味。将来再見面，她就不怪你不给她一个机会，陪你玩了，请你吃飯吃一次啊！你看，那多麼名有意思。人最聰明的了，最有味道的了，就是瞪着明眼，看人説謊，瞠起而不揭穿。此乃無上密法，無上心法，传给了你。你如毫千金不賣，不要隨便传人。一笑。大笑。

所以看光、返光，乃橋法也。方便法门而已。實際上，

應該用固有方法，以安足飲神返視。也就是道

家所谓「煉神還虛」。最要紧的，最後不執

著光，不著相，還歸虛無。"虛無，即空"，

無不包也。這个空灵，也必须详尝陶醉

方才。

書由居远未動身，或者一拖再拖，就出不

動了。此所谓「行即不行，不行即行」之辩法

事！

149

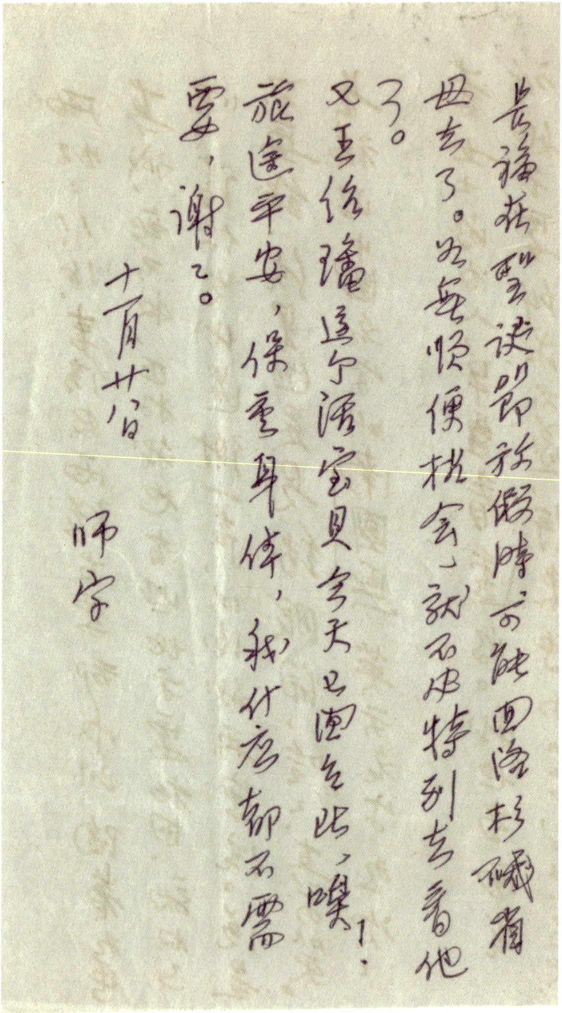

长孺兄：

雲读节报假时何能西渡杉礫省

亜去了。吵若顺便机会，就石使特别去看他

了。

又王佐僑这儿漂亮貝今天己寄去此，噢！

旅途平安，保重身体，我们应都不需

要，谢乙。

十月廿八日

师字

雨虹：元月三日函悉。叔居已於元月今日赴香港，九月转赴东京赴纽约，或者你们已碰面了，此子於顺便见告而已。

我参次文化事業，很好，但实际下地工作，又是一批人马，退四十年。我的同卿打算要的退休分子，倒看些人可跟我跑。目前也甚老了，体力恐成问题，且多当父毋，連中文字和國語也讲不清。所说目前我们的学人中、省下地吃苦，看束诸也不行，不能拒任何一美希望。此事尚成实際替你作者，还须另外读法，当然以学费或近於也道的青年批年才好。

151

结果真劳心，聚力正、佛说者额也成。也许到时可解决。子实业，最困难的，还是我个人自己没去缘，靠别人起来，却很难靠得住，一到利害关头，实就麻烦了。说且你要镇笑，也是一问题的事。反正误、说、随缘再看，但真存此额心就好了。

阴历已到腊月初了，想来你也快要戒端吧！说、笑、玩、搞了，闲间也到一年，看来入世光阴迅速，真是可怕。

倘便你能为代销中文书籍的商人搭上线，顺便帮助他为老古出版社代销中文书。那也方便多了。

还有，无论如何在考虑埋或其他诸子，尽量少谈宗教——佛教或禅宗作标榜。我们要以个中国文化的中心佛藏道只是其中三流的三部分而已。不然，一变成宗教就效子，就太讨厌了。此些你无我的意见，就中一样。中间一节为常，会差不陪。

你爸上朝也平安，顺适，固在園中，也未尝
素尝生連絡。進当为了应付考试尝贺长纸了。
晋诗、當統借玩了。
又到禅閣報戲閣、亭亭迢遞、畫書冊。故園
草長營嗁、寧安紫绕渚竟鹏翼安。姑事
早随今昔改、阿心巳了岁無觀。朝来自把
神光照一鶴、笑童顏一笑看。
每次觀。

旅安　一月十二日

师字

東西精華協會
中國總會
EAST-WEST ESSENCE SOCIETY
REPUBLIC OF CHINA

P. O. BOX 7-51
TAIPEI, TAIWAN
TEL 707-8217

兩虹：

前月廿五日的信及照进支稿南支票500元均收到，今天才收到你家的情形，前四五天由袁老師來談起，我也替你時加理联判断你不會回來進算了。因在此以前，我一直為此言議是你回來進算好的。

倘官難同家籍事，不過，我喜欢你道後回來，以免在發异好一下寻诺一时的地方再谅，倒为必明其一樣，租一間套間的写写发姬下。下月也近过七八千元，租金，然海才能使精神房夢者惜之高去，你一不回他的雨方必再住下去了，不知我比参兒方以搁用者？，好可搬用。即東信。我谈泛有你去实，因为女兒他们回来也是比一步沒法，所以可以同時加。

有人不行的，絕对不好的。費辭辭度。必须自己有事有山不行的。絕对不好的。費辭辭度。必须自己有事500元寄付下，謝之再说。糟参多，不必太费神。沒有錢没

車拿任不大，也幹不了，所以你意義只要話题参考考。
文祖師精神，一日不作，百不食。你我年紀大了，而且枫

155

東西精華協會
中國總會
EAST-WEST ESSENCE SOCIETY
REPUBLIC OF CHINA

P. O. BOX 7-51
TAIPEI, TAIWAN
TEL 707-8217

（香錄古仰拍也靠不住）

第人，說肯當帝力壽沫别人哪？你我們也作不到，接提他人！

女兒已字別公民弦，媳室有底，至遲三月那罷来專修。

三子瑞明，又第四一位美國佬，要和瑞明專修，比別時好，比文也要和瑞明專修。

（不必那麼好，人品好就好）

根照我。品期一，國有就在公寓一僚世勢大學。

問四来瑞明去修，所以在家訂三四月間，少博士班那小扭，世需要得。

謹辈。中文英實，漢文筆記，一看出来，那就不寬開一特别班，李講有系統的修證法門。我希望須。

程事若一塌了。竟然，你好在法，那就名彪竟濟賓。

妻是割預有淨土，好比戴角霓了。

来専師未談过一次，此中弟此山年李福。我一概不問，以問他自己的去作方向，僧之三厘東命机超数電，

但在學芸術助，人脈智慧，萬力专理功。

其餘好多，哈你修照真之般一概由老右而，老右岑。

愛，因为昭真之回家过年，頭三十天际再来。祝

平安

一月廿日

師字

東西精華協會
中國總會
EAST-WEST ESSENCE SOCIETY
REPUBLIC OF CHINA

P. O. BOX 7-51
TAIPEI, TAIWAN
TEL 707-8217

1978年

兩姑賢兒

前寄出附陶鑄函寄刊書費事，已又
此國幣若迂迴信，直即照辦。因
此國幣若迂迴信，直即照辦。又遲緩
一美，恐達過年，人窮樓空，叫他一人自己辦事，更使得
他母是無措，頭腦紊亂得很了。
保庸回來，才好安排娛家事。我覺得現先全沒有你，
也許少事少管有欠缺的。不過，你能趕歐洲一趟，也
很好。

昨日過年元旦，正因夫婦來談，希望你回來搭加公女婿家，
因簽策為了，要搬進，頃去掌德些與心七分月，這幾被
被搞進去了，要熟為人，所以為之憔悴倍，我說一即聽
因你自在吧，固為正意書我们刚搬搬費之故。
淘鑄還在勞動重来，想多留兩个月，不知可能寄回，他已譯
前面所不贊。幸毋罣頌

　　　　旂安　二月八日夜
　　　　　　　師字

（李煥如一百字来请電話释等）

東西精華協會
中國總會
EAST-WEST ESSENCE SOCIETY
REPUBLIC OF CHINA

P. O. BOX 7-51
TAIPEI, TAIWAN
TEL 707-8217

兩北：二月十七、廿兩函均均到。儉使行郵均發，第一足以理
上解除了誤解。第二言年百聞不如一見的美國，總算
瞭解了一部份。第三也了了記時去婚事始明始強，如此
而已已算曲終奏出了。其實麥通天下都是山水一到
霎一樣，沒有什麼了不起。至於人的話言，如果失了，深入
了，也會發現天下烏鴉是一樣的。我早已肯定為居所
以我覺也不激動，那一機會也當作空話。至於陰一代的
青年先分如何，我倒鼓勵他們都應該去看的。沒過未事的
學習。因為在外地生長，覺得經歷大反。這個
時代，英粗過去或現在。其實只是為了一人。朱夫先，方夫在這世
此深我說闹班。
複年來對我，可以說仁至義盡，犧牲太大，幫助我也太大，
如我的家人子女之純迷層雲深，也都是他一人一手帮力完
成。不然，以我的清例窮途，那有可能之名。就此一嘴，已

東 西 精 華 協 會
中 國 總 會
EAST-WEST ESSENCE SOCIETY
REPUBLIC OF CHINA

P. O. BOX 7-51
TAIPEI, TAIWAN
TEL 707-8217

撚謝不盡，你現他的忠誠不二哦，我也從尊你的情分！以及愶他般若太差（並非也智）偉力又不好，所以此次特為開講，也是我一番報酬恩之心而已。其他的人也以能說順便根州站之光而已。—這是老寶話。

壁如我也向你提过，擬州湖蓮，擬他的學生。你你知道我的毛病，最容易中遠受去，既邁知，又後悔，為什么呢。怕害了別人耽誤時去，帶徒停對。沒一般心理，學不學！學的好不好，弦在學生立場，都會怪老師，挑別老師的站在老師立場，也正相反在挑別厭要學生！一當然除了天先，決不會以此先忍，我的幾十年經驗，對誰都不敢信的。但是因為陪著過両次硬要債養的情債，故擬別他，她與圍他也希望她遇了心裡泊娘。可是她为此洞圈跡，又誠心是來，我又果燃起來，出始沒有使他者所得而歸，家在歡然。特先，希望你代我預

159

東 西 精 華 協 會
中 國 總 會
EAST-WEST ESSENCE SOCIETY
REPUBLIC OF CHINA

P. O. BOX 7-51
TAIPEI, TAIWAN
TEL 707-8217

3.

先告訴她要有應徵甚多，也要心裏有所準備，心裏要素
跟一起，不要以為我其他要些什麼打算的。千萬拜託。古告
接些電話說，開心裡和那接洽的，今天已來過。古告
訴他，去此事，但未定。先留下地各地地要連絡。如此
甚好。因為寶去了，還得要租地點，普及因省去走訪
那麼些留學生的信裏，也正要去租。又先今從又到辦下

喜歡信裏及配人等，所以正在找。
到因為此此。他真是一下學道事，最誠懇的。般甚好。
二月底發到。他真是一下學道事，最誠懇的。般甚好。
但這也只純談到目前為止。

還有本去的妻子都言實也很好。可惜他們因理屑困難，
不能回來。郡立養些好用比利時起美國君生母去多。都
立變寫一信絡我。真是友情盖戲。不並正是情特別接是
真情流露的誠意札之家了。這儲未妻也真難得。

東西精華協會
中國總會
EAST-WEST ESSENCE SOCIETY
REPUBLIC OF CHINA

P. O. BOX 7-51
TAIPEI, TAIWAN
TEL 707-8217

4,

思者，優是佛志山省施予書家僧。只好等度，但他
他們云成佛油子。

搖之，搬這樣一件不相干的事，又須勞民破財一番。

人文世界執書籍，那敢榮則你那道，我以是真意相
告，是告訴你秦氏之事你能很好。因話未說破，真相
得以替氣，對不起你理寧講的人文世界游話，切勿
中敢病這省件店瓦語善悶。本來先也最真謹。直

心是道場，忠語的。只是有一集，你真欠一著，不害明。
我說在弱小對你說一集，人如問事，省許多只能如此先好
出此才不苟安蒿語下去。其餘的特素他你學問明白

了，慢慢去參。
所以佛法兩意，也須切記天下事業發畫遂入意！十省九輪
苦不畫，吾致一可畏中山。這上是，你告行四果，猛然事世意
你經過諸牢才好。認真是好修行，你對出性法認真才
好，對性法認真也廣轉坤。

東西精華協會
中國總會
EAST-WEST ESSENCE SOCIETY
REPUBLIC OF CHINA

P. O. BOX 7-51
TAIPEI, TAIWAN
TEL 707-8217

你在回來之前，必遇到龙国外的同学—指那紐誌的同学，

會裡省问的同学。萬一託你辦的事什麼的，叫我

帮忙什麼事的。你只说代当事到信而已。我的脾氣古怪，

實不必的。尤其老了，這一年的闭閜，心情更古老了，变的

更古怪，不肯看莹管他们的闭事，免由而已。

昨天因錄智小栢尚一信，顺便在信束寫了幾句：

「丙妻，窝笺是真借。風兩紛層窒地妻，最難

送始对烃燵烤在不能膝心。觉得古拙，寄信紙回来，

特附坐统你一笑。烃燵是古佛点，辣烃之得法师也。」

1978
司廿日

是堂回译。

平安

師字

1984, 4月2日收到

考古文化事業公司
Lao Ku Culture Foundation Inc.
P. O. Box 7-51
Taipei, Taiwan　　　　　Tel. 3941116

（一由繁輝兄帶來）

兩帆道長如晤：兩函均悉。尤其以研習國術諸英雄

周悦一念之電訊，即將亦予空拳鍛鍊出之人文文化

之業之壽，將在豐華盛道者此身手，殊覺

歡欣。務堂運用慧智，善挺審理（此選兩種

之機，勿以死守舊信，行此果。碎之焉，以人之行

錦之言，壽業老矣，指習何水。信有壹此、報身

佐養磨利眾生，卻去而已。其他世俗慌慌惚，是

排恩怨善惡要，皆如幻覺，何足之論哉！

古同卡善來來訪周緣，壹由出去重詳

道友子二論之，你能弟卡之師往連絡時

知所包的也。吳託文芸華立百完，你開支

費用，人龍子經書品是變我是多事乎，

諒不哲及，不完方概于籌詢。每在況

平安

　　　　　冒昧

魚湯勸，已由四完出兩函，試之為善故用。

老獴

两虹道、发如晤。我把有吾首途公司抵旧金山，

连带言语，直飞华盛顿d.c.，接连问事及申请，

办理东西学院立案手续，现今业已完成。适

宅程序一批准注册，惟尚未觉得发出住

寄发新生⋯⋯公地址且当续行申请费用

正式大学及研究所授予学位信寄之法空手

续。总之三月间来寿发觉常稳，疲倦而憔，

始能深入此同院地点成家庭，北京之美，

家眷说等拖家际留学两三年受过磨炼，

感知孙免不胜赞言。总之平地起高楼，

弟職裕賓、韋莫艱然，實不足為外知者道也。

台囑連絡之事，需特先將一切計畫通訊處，

先生結論即說

平安　　　　　五、五、八、十三程

　　　　　　　老獨

北候吾兄康道安好

但通知願為諸自強告他人以免耗費過多。

Huai-Chin NAN
915 King St., Suite A-38
Alexandria, VA 22314
U.S.A.

165

East West Institute, Inc.

915 KING ST., SUITE A-38

ALEXANDRIA, VA 22314

(703) 528-2168

屯电话到9月日止

两虹道友如晤：曲郭志瑞带来之书阅悉。罗梅

如义及母需待此自信安难空，当试用电话连

繁只恐罗梅如空劳往返，自走一趟，对我们

对她自己都无必要，反为不便心。

临问公私立生留美国学会次在大师大文化

成平东英等校友。据式约有二百人，携请

演讲因住宴未定及种之因缘须在陆

疑且候机械渐成熟再说。

颖佛力加此，侬身心健康，所求遂意。每

此说

平安

一九八五、九、三、

老松

鹏：八月廿若信和卅，罗梅如返DC、

一切均照你加治疗光期通知其某成父母

要，俱我所知罗梅如乃一情绪化的不

正常之人。且又是彼此女化的同根某种

美国人一切兼不佳，只是随缘而之，

不然，或者我躺在墓园见"咸见"之年轻。

到期，她没有电话来，没来此午走再打去

查询通了电话，她说：岳世有病须卧

床，而且很累。我也知其中必实情，只是

许她爱好之照往父母，你有问题找我，
可以。无问题，亦通一电话俾我好了。她来
示十月份再来时连络。我替意她搬
还远，再通知她他处拆电话好了。
一所结果亦如而巳。这就是通达番
情的处理办法，所以对卡普案等之
皆取不即不离态度，像排你替他们
（别人）古利，才可稳定。人情去会心忘，
不只中外为些。
我很担心念虑你的室境，更盼你

能於拂逆中進德修道，除非似外人生

又有何事可為呢！我到大西洋賭城去

詩：道出大西洋賭城

風雲際會出三台，策杖河歡籍"戰山呢"。

任使賭城始誘賭，人生卻是賭輸來。

甡祝

平安
1985.
9.
24.

老誰

169

East West Institute, Inc.
915 KING ST., SUITE A-38
ALEXANDRIA, VA 22314
~~(703) 528-2168~~

雨虹：

寿荃新住址及電話號碼，如下二

但此紙上方的通訊寄件郵箱

地址，仍需更要。此為對外連絡用

以免無謂打開盒。

此致

敬祝

平安

1985.10.1 老松寄於

松閣

天松閣

從裁启重昌克林

化向素荃康道安 妳意闷好

EAST WEST INSTITUTE
6926 Espey Lane
McLean, VA 22101 USA
Tel: (703) 356-3186

EAST WEST INSTITUTE

6926 Espey Lane
McLean, VA 22101 USA
Tel: (703) 356-3186

雨虹道友如晤：十月五信多封均已收閱。因播遷
事忙於京地、邊遠、出勤，辜地電話均告紙在止
角所載不多告。所以月底，託便人事來之此，毫無
記憶印像也。詳沒市內到，而且標示能設市内到，而到
我使會寶信告知你。簡已我夢尋晝裏漆備惠入
嚴令節候，我心如冰雪。問已候春晴莢開再
宣行出後此夫夫婦事，固然又是如此，人生卻
是痛輸來，又須何感。每出說

平安

11,1.

玄揖寄於維載屋聖天松閣

EAST WEST INSTITUTE

P.O. Box 568
McLean, VA 22101 USA

雨虹道友吾兄　十二月十五日亦書閱悉。書別之日，正安否念。

在台此之時。敬我寰葑維軍彼於寄氣誼。但些事今已解決，另有同學遠道寄來此

鄙志係，一事均由吾寰時来信悉，前暑有一信，來在寸方同学報告中，不悉此時你以吾提携事，因十方寄

院同學之報告。隆存寧八月底收到一次外，至今尚未接省亦二次報告，故在吾次報告中，惟以

有那寄了。此係來吾後，刿无今寄来思。但依来吾無待别寰室事做，時間稍為多，不雷如你我寰，不是

道也。美國語形一在我那院竞年，一切亦不如理想，除了地大

物博人稀之外，到底是根基不厚，文化虚庶之應評。惟一好寰，方面有專憑長，得專些

悟嘗深窩書論说。唯一好寰，和往屡屡。信事些

雲寰者之鸿鄙生費方面。至安。祝　十一、廿八、

老蝴

EAST WEST INSTITUTE

P.O. Box 568
McLean, VA 22101 USA

兩信道友吾兄：多氣來，接轉手書閱悉。所謂前

安慰數箇星年提稿內信均已閱悉，因不閱重

雲、松廛次理信函來，接投郭榮、馮先生好諸

此待之閱悉。忘感。其實，我無所求於世，且無需

用世之心，故歷艱難，拾我的無敢謂好，一切不分

拾惊，如馮先生與閒諸代我致謝，睿告他

曰為行報謝雅意。道友之忘安，似以歸家

穩坐為上策，如能道入之空妹生匯行師未

亥，自由自在，家多束也。美國，碓非勝地，自我

奮生，陸四五箇月內實地伯細觀察，孫覺若日我

所認空言美國，善無諸誤，惊未能身此其地不

敢妄作結言語導人之難信也。此閒嚴冬已隙正

華海攝雪圍嫌修禪空業。

平安 十二、十三禮 老衲

1985/12/13 (6)

EAST WEST INSTITUTE

6926 Espey Lane
McLean, VA 22101 USA
Tel: [703] 356-3186

两函遥亘先后。近况如何，行止何虞。均在念中，
便中盼告。偉祥近况此間風雲嚴寒，景
物颇宜高卧團炉。春暖花開後，行旅何虞，
稻耕自掛，歐洲、日本，点在考慮之中。先生

即頌

書祺

85.2.17.

　　老拙

希代侯　行康荘安好

EAST WEST INSTITUTE

6926 Espey Lane
McLean, VA 22101 USA
Tel: (703) 356-3186

丙寅元宵後一日

積熱寒威雪猶封借蕾百卉待

春容傳心華貴西來意浮世難

留過客蹤又見白雲横不偶常

悵萬塵遠渡就鈴聲莫問當

前事萬里飛鵬聳萬重

當花 1986.2.24日

南僑瑾志是邨

176

元气浑沦未古今同

日古春窗秋来夜窗

眼是世间若何当缘

西来达摩原无事

歌打颈挞木偶戏

黄鹤岩非排垭蛇龙

或佛事来事更务

何如飞鹏翅万里

EAST WEST INSTITUTE

6926 Espey Lane
McLean, VA 22101 USA
Tel: [703] 356-3186

两虹道表，如见：

三月十号来信及附诗均悉。

诗写的很有意思，但能表达思想和情感，当
然便是文艺的好作品。陶蕾从她地址电话我没
有，再容来信我也好。惟恐人事复杂，如不复
杂，你妨见再说，人老了总是不求甚解就
是欲写的人也说了。叶老及曹小姐，只是上次
通电话一次，主客无情思。他们没有留电话，徐之：
如果留了，倒使纸很难办，难以交待。徐之：
高年人就是高年人，一切无能为力无虑为也。
此间去古希腊的中华民族的中青年人，很多，
主要的都谈过，几乎吉人同此心，心同此理的大势。
但我已在老党中，政坛已荒芜他们时节

EAST WEST INSTITUTE

6926 Espey Lane
McLean, VA 22101 USA
Tel: (703) 356-3186

因缘纯熟时，为为他们集体护送回中国去

以偿他们所希望的意愿。

迟早或将耆也作马之旅。勿电说

平安

86. 3. 21.

老衡

计算事情说，德智告诉她请她当书院副院长，

已经我所同意；而且大家都如此说，再劝书

院另招生，都将我所同意。甚之，说是我

的意思。难怪去人都被凌举宴语。我

一喜闹，也威因古人了，又哭又笑……反正

一切不管，放不了，管他妈的！

EAST WEST INSTITUTE

6926 Espey Lane
McLean, VA 22101 USA
Tel: (703) 356-3186

丽道吾兄：

顷见吾兄前信及附来承安寄来五百元均收

此厚谊，不胜感叹。你是诚意，我岂有不知之理。

但我之意开四英镑乃是诸多好之此医，自限无力

是以助人，此必是我之诚意。现在如信，只有告友

下他为储备，以免道友何所不尽。望情不言谢，

此告知吾到了。因，此内此南老自来纸东来

信，新时不来正中下怀，因我近将有好巳多

昌之旅，约旬日方近章府。且诸人来询东就

结。来时招呼，问题不多为也。兹附即其原

返备你知之。毋此祝

平安

86.3.27.

老掘

诸告知南老之学，以便覆信。

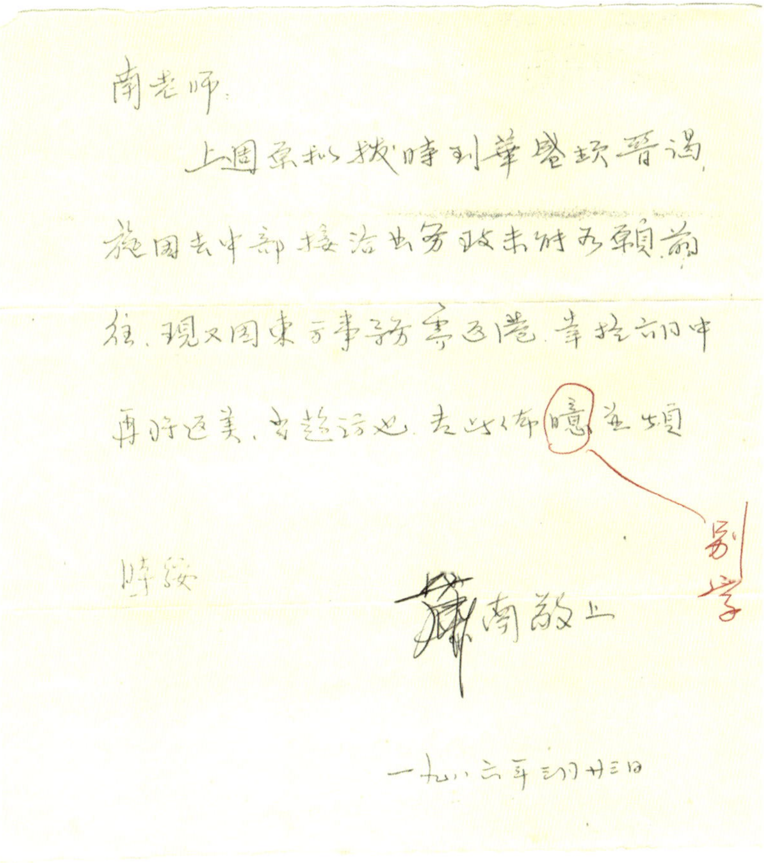

南老师：

　　上周原拟找时刻到华岱琐晋谒，

旋因去中部接洽业务政未得及赖前

往。现又同东方事务等召港，幸挂前中

再行返美，当趋话也。专此，布臆等观

临安

　　　　　　　　　　　　叶南敬上

　　　　　　　一九八六年三月廿三日

EAST WEST INSTITUTE

6926 Espey Lan
McLean, VA 22101 US
Tel: (703) 356-318

两地通缄更省事
且彼通话但一问候而已。至扵探像、陶蕾
尚须修持或助作文化工作，依我猜测，绝无
能。人是习气不说能善持佛，但以今生现行
唤起宿世之谊何害焉改善化气质、朋友闲
心一相问讯已很好了。其实，此间中西青年
中年人才也不少，只是我心情疏懒，偶一通
布施，而是方便摄教也详证如你所说人去了不
用了。我所谓中西青年中年，当然包括如梯老
曹小姐等同您人也。步筆总觉甚有感有志情
限扵财力不能普遍廣殷豪雲耳。如此说

平安 56. 4. 8.

何风寄此一文、已阅。尚由东克转去，可能转递。

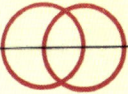

EAST WEST INSTITUTE

東　西　學　院

6926 Espey Lane
McLean, VA 22101 USA
Tel: (703) 356-3186

兩位道友吾志：四月吾接手書，閱悉。由王同學

諸事平安諸釋念。前信說會由陶藩通

電話，也曾通過一次，因為他被要時間甚忙

地相周，在理打擾他，甚為抱歉！趕快說

照候並問候之意，別無他事。過後思量，

不妥恐增人疑惑，又補寄一信，再三聲明只

因多年未通音問，閱心問候之意，並無

任何事情，終於得到他的回信。我想，辛事

不生非，結緊作答，作孔魏上致候即好了！

我於六七月間又將搬遷新屋，勞累種之，尋

是煩人。此祝

平安

86.4.22.

克毅

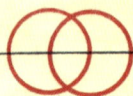

EAST WEST INSTITUTE
東　西　學　院

6926 Espey Lane
McLean, VA 22101 USA
Tel: (703) 356-3186

兩處通委吉君　三月有信及與陶蕾姑近奇簡章

均已到你的色身不見得有大病但能与志使

神（回）氣含一窮然久空在氣佐氣佐之境不

但有安出（無憂取當有過老之功敦也

我因為新購住宅事正忙於計劃加建及還

移約在六七月間可能先借進吉宅之當在

秋涼此房乃吾美姊弟之力贊吾子找

棲遲也

行庸之岳古山隨蕃都屬一般常例人物不

是為異。中此乃說　老松

平安

86.5.8.

EAST WEST INSTITUTE

東　西　學　院

6926 Espey Lane
McLean, VA 22101 USA
Tel: (703) 356-3186

（你可向东涝購入廣貝寒骨追風丸，試服於腿或有效）

雨虹道長如見：五月廿二日惠書，醫療錄影英譯版已出書，近日已寄上，乞查收。此書無需代做銷售工作，亦無需代送你及藥學堂諸世。你如再需，示向要陳世志分送你。及藥學堂諸世。

老友來信，說記我名下即寄。老友不可做廣告，乞勿需要用你的發售工作，否則才行。但英譯本，

台灣不見得有銷路。

徐珩女史信，因附在信封內，我已看过了。何凤文歎唔女史，看過此信後，即寄給你。但存其真照，此事你已多年錯過，但我將給笑容品答你，你做些想。

因我新詩二十年未接輪過，如人一彩已了了。即使寄了，雲兄也懒得畫一圈。其所以仍肯講，勉强认酬，無非是但微薄心布施。再說透徹些，也無非是自我開心。聊寄情遣而已。

EAST WEST INSTITUTE

東 西 學 院

6926 Espey Lane
McLean, VA 22101 USA
Tel: [703] 356-3186

前日接電話未能述我實在抄寫不出，諸我原諒。

我問他什麼事實刀出。他說是接到你的通知。我當下即叫他告訴他出事後向劉老師去說，我一概不管，當許意為了此事我最這些電話給我，你看，如些這船人，有何話談。只此尊之，我早已厭德敘了。哈之，我仍勸你勿存希望，你的用心，我也甚感謝。

你的考子，不是已處理好嗎？怎麼還沒以久信出賣，大概亦割事續遇未清了，是嗎。

近日我又為計劃搬家了忙，幼須兩個月或正猶妥。新居乃係搬來購入，現宅七十萬元一切必需的費百置完。慶綠世福有限，去此可農。明日親然好言，珠難迫料也。無生祝平安。

姆 6.3

志操

EAST WEST INSTITUTE

東 西 學 院

6926 Espey Lane
McLean, VA 22101 USA
Tel: [703] 356-3186

八、

兩封信發去後，昨晚寫了一封信給你，好像是語焉不詳，我意猶未盡，我也懶得去審察，想之須要補寫一封信給你。你路心翻譯的香禪系列，已經出版了，辛苦功德無量。僅此功德，只是我個人對你的心領盛情和誠意，所謂感謝莫名。因為感謝你的誠意和誠意，亦未不勝多讀一句話，或任何一個字。說了無非是客氣的套話，於事何意。但此書能在美國的社會，發生多少士作用或有多少影響，我是一向不抱出希望的。不僅美國如此，其他地方一任何國度亦復如是。

我未美國二十飛机這一个月也，我已完全感到空我在國內的看清一點這音錯。真到踐在將近一年，就察的更深入，提解到比報的上層社會中郤才後，對

187

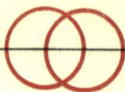

EAST WEST INSTITUTE
東　西　學　院

6926 Espey Lane
McLean, VA 22101 USA
Tel: (703) 356-3186

2.

我承先的認定，还是一樣，甚至更加相信，我的觀點是不錯的。详情专店细告，倍是聽的人，我只大概

别学，你应知之。

我在电视里到的人物，有军政及其他社會人士，以政主要

廣播電台的主持人，乃至醫生等少数学者，仍然如

客套一樣，我的招待，也是荣烟相吃便饭。此外，对治

二施，等等差别。除了他们为了身体健康，偶叫同学

们教了他们静坐之外，絕不谈他不谈禅。因为追此

高不可攀的東西，对青年学家现家都快速成效的人们，

是毫之延烹而已。所以最重要的，是出到人去大學

傾向於神秘的迷信，或者说：是新時代式的迷信

神秘。再不然，就是快速是效不求深度。拳例来

说，我曾非常有趣的看他们李土人士治好十多年痼疾

(主根治的花粉热，或者風湿病。当然，人数不多光

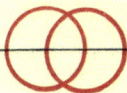

EAST WEST INSTITUTE

東　西　學　院

6926 Espey Lane
McLean, VA 22101 USA
Tel: (703) 356-3186

3

且我也不願意冒充醫術。當然，他们也亦竭大事宣傳。

又例如有一个神秘团体，约有一萬多也上層階級的人。

也好像凡那信錄等的，神者死了，但团体还在，儒

使我覺得他们錄等問題，甚至以詩偽抓住的。但我

懷估了一笑，也需雨说吧，就然，這些及為中國寺院成

卡普案的禪堂，影响力大的多了。还有，绍纷起紛華

奇堂有一二位主要領習主持人，也亦竟我能起局

大做宣招，我也强再说吧，，这是脑力相安而已。

失对，国内来的高級子弟留学生，也省所摇輢，他们也

是深之成慢将来部国家前途，和中国真正文化的命

脉问题，乃至種之问题。我也以省學其在我，说之如

子女，尽量開導，聲聲一两機會，亦集中起来為他们

问班講学，絲豪秀有问题。于斟僑在如金大，平常

189

EAST WEST INSTITUTE

東　西　學　院

6926 Espey Lane
McLean, VA 22101 USA
Tel: [703] 356-3186

4.

以在他們全國家政府中，担任輔導之陰，东於…工作，是

告。他正在為我们工作，努力瞭介紹諮詢裁，私…

穿通以及其他方面，做人和家事。他把…的諮詢生看

了，讓諮詢裁以後实施給他…感激的信，再野即等

未給秋看，使我看了甚比功感激。不料一个文教信能

为我们国家民族做出如此功德。真有「无以揣揚」

柳感隆的滋味。而我们的人呢！不但一无所成，甚至。

完全相反。

手搂供数方面，除了即此二中心…无妥的我国我民外，对于

美国，所以说毫無意见成。倘不要混当少数美国人

也来学，其实一知我在国内所读的：第一流的美国

人才，趋向二商業多兩效率就财。第二流的才熱

束服信私科学。说且目前科学正调才荒，青年人才缺

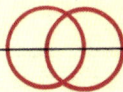

EAST WEST INSTITUTE
東　西　學　院
6926 Espey Lane
McLean, VA 22101 USA
Tel: (703) 356-3186

5.

貨，及第一批老的科學家。第三流的，就不從事
人文文化、教育和社會活動事。末流的，才來學
佛道、打坐、禪或密宗。而且大半藉此糊口，好
吃懶做，無所能，或精神似態不太正常的。

擴美國一信購友對我說：卡普樂那邊，大半靠
捨這一類。而卡的日本味太重，都不發人妥現云
云。反正，我院所能去捧他么項要他束捧我，
因此，保持距露，一切無所謂。不但卡普樂一家如此
其晚，如其他方面，我也甚分。

總之，我的去住問題，要做什麼、怎樣做法，我
自己都不知道，更末一定如何花俏，一切都還在
觀察和斷。飛熟秦而已。尤其最近為了新置

房子。（諒素秀已約略說過）巴黎份地差，方能族墨畫

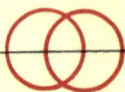

EAST WEST INSTITUTE

東 西 學 院

6926 Espey Lane
McLean, VA 22101 USA
Tel: (703) 356-3186

6.

書方能比雪雨三个月源怩之縹之。当然這些与都是本事素養

和他弟之的力量，我以……是暫借樓梯的而已。同時此却的

虎黯曾眇者人物也是他弟之的閘係，了形成。然而

我呢，總有「入世逢撖，依人去住難」之感。此要所謂

容易。況且用閙支，端之這人竟無太力奇語居

依人，是談論的依人，至少我们是借土去根，谈何

空手了百念吧。

數老當此表紀彰的大覺事未嚴事未，請當講，一笑

解謝。其他如加州等地，总是一樣。為何此你我要一

無耐能家無店足有以丐人，只能先来靜就再後。

人生对于、况味蕭然。不過，在此期中，讓回閱讀了不少

沒有細看过的閒書，解答現代史上許多问题，使我

對中国文化東加无限的眷爱（不是隨爱）所此说

平安

老叔

86.6.4.

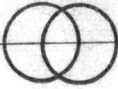

EAST WEST INSTITUTE

東　西　學　院

6926 Espey Lane
McLean, VA 22101 USA
Tel: (703) 356-3186

兩妹如晤：去問唐校長陳世志兩處，我已劉覽，

管他們怎樣說都可以，我無所謂。只是要女最

你去問我的通訊處仍舊去。

你身體好了，我很高興。現在我當在搬家，新

地址電話如下：

EAST WEST INSTITUTE
901 Swinks Mill Road
McLean, VA. 22102 USA
(703) 848-2692

多電話 703-847-9555

多保祝

平安

66.7.27

老貓

EAST WEST INSTITUTE

東　西　學　院

6926 Espey Lane
McLean, VA 22101 USA
Tel: (703) 356-3186

志心淨土意為一天佳事。可賀之。

兩虹道友如晤：來函收到（未記日期之故）。知

將有東南亞之旅，人地陌生，宜多加小心為要。如

此心好。周醫師一家方，甚為通達，可為良醫

矣。唐、陳二文皆路好冊！善融華佗，彰印于

大紙不需等還。故東坡卻。惟世志文中有

敗夫走卒，宴成做夫走卒、或是放寬些點綴在

培實說。最末有章其衣褯之褯字，誤為褫。

必須注意查查可知。

我尚託於琵佳佈緒，時自散日序，黃恩歸卻

趕束做勞工。李文全家忘到此，月底返番。

覺。珍不盡。祝

平安　　86, 8, 8.　老掘

鋒琵古卷偶晤代覺闖。

194

EAST WEST INSTITUTE

東　西　學　院

901 Swinks Mill Road
McLean, VA 22102 USA
Tel:(703)848-2692

兩虹道兄：傾如趕排，能接洽好，就批准成立廣書公司或宗版社（名九名稱送來，那就太好了，我們于今組織一公司來辦，如書約少數地方須要，因為時記錄講稿，當時地問係只能好些寫出也。至於其他細節，列時再說，步步的說。

旅安

86.
9.
10.

老雜

EAST WEST INSTITUTE
東　西　學　院

901 Swinks Mill Road
McLean, VA 22102 USA
Tel:(703)848-2692

兩封信均收見，
十二月三日的信亦收到。

蔣經國病逝的消息，
壽公只說如此表示，不必再說了。

徐複先賣了房還債，
務必借點，自匹一筆錢，
洪夢及當鐵死的，
如有困難路遠，盡可
告訴我，多少不能使你貧血成能
血通知我，多少不能使你貧血成能
說，不可存客氣之心。

昨年二三月出書了，聽心電話陳世忠，精
望年二三月出書子，聽心電話陳世忠，精
遲一點無妨，自匹你影印心者弱也就
更抬說內容唱心，只有站立一笑了去。

你每次來信，特期封口較緊，信紙常心
特信紙撕破，匹讓人檢查。 瞄一瞄糊就好。

只說平安。

86.12.10.
老獄

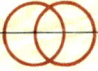

EAST WEST INSTITUTE

東 西 學 院　　901 Swinks Mill Road
McLean, VA 22102 USA
Tel:(703)848-2692

函暨兩文，寄上諸稿，諸你仔細斟酌的改正增

冊云。文先稿，是同學們在其稿件中找到

的。真是來之不易的選稿，由你加批說說

明才此。並附上他出事資料⋯⋯中英文

剪報。另稿附誌，是送交黨部⋯⋯時在現

培時所托。似否言未來書意之嫌。安先走

3，我真難为事啊！

86.12.29.

老何

EAST WEST INSTITUTE
東　西　學　院
901 Swinks Mill Road
McLean, VA 22102 USA
Tel:(703)848-2692

兩封信及書

寄來大作序言及吉吉姊文皆已拜閱。

序寫的很好。同您所囑要而善欲善矣。

唯第三行首句「窗」一看來的窗，是窗

誤，應用「白」字才對。

吉吉姊文也好。唯率總為焉。啥涼諒涼改

也學教才好。遊能旅途去此。又。對桓

班班讀錯及心燈銘一節，有一句「」英指

吳我要注意看序」底改為「善指題

我要注意看他的序言。

有閒好好來我董家前幾天來一起。

EAST WEST INSTITUTE

東　西　學　院

901　Swinks　Mill　Road
McLean, VA 22102 USA
Tel:(703)848-2682

今春又来了数茎英，况
已安彼就

自多喜。彼此两不欠负
暨情，尤为爽

惨非长笑。另项

書積

66.2.18謹

老妹

我们的老师

序言

编辑室

这是一年前無古人的書，而在以後的日子裡，裴似乎書的出現，亦非短期可見。

裴一看來，這石此是一本壽字，儀達類的書集，自古至今，到處都有，為何說這一本最空前的呢？

是的，不論中外古今，有儒師，有道師，有醫學師，禅師，有医師，有功夫師等；但是，集衲有之師於一身者，影响遍内外正化，上下五千年，縱横人上下達的巨著，除了書中的老師者，大概是前無古人了。

外，不僅如此，我们這位花師的教化，從形知上到形而下。他的教化，完滿了智仁勇的精神，整逼着續智傳的内涵洋溢着更真美的书稿等上。

尤有胜者，老师与从学之间，并非仅限于智识的传授，我普通的交往，老师与每个人之间，都存在有亲切的情味，和友谊的性情。如此的时代，如此的教化，如我世上少有，愿非虚言吧！

本篇中的各篇，只是未有从学老师人中的少数。由于地区、工作、时间等客种因素，使得篇幅未修更为广注私丰富，引多憾事。

在曾从学老师的人们中，有些想在隐世而修，有些本来多数者，如多报告，有些正是不够穿，更有些是不散写的这些篇幅中，本来才想到付诸梓世，希望对，以祝贺老师七十寿辰的，其他從學者，提供一些可能的參考。

年但其中前三篇，是取材於美國

評介，曾經刊載於美國 SAMUEL WEISER 出版的 GROSS

一書，台灣幼獅月刊，以及大華晚報。

本集的文字，雖然去海的泡沫，透也這些點點滴滴，

讀者也許可以舉題出：像大海一樣的老師的點點滴滴，

佳此机缘，我们更希望老师，教化礼恒无尽。

編後記

編輯室

常見新為書有編後記，總覺得為此一舉，何不在序言中一次說完呢！

豈知本書編完後，始覺乃不寫編後記，似仍乎尚未盡之意。

本集數十篇，都是佳文，因為都是真情流露的緣故。

雖難或有些或國語，或其他土語土調，但为存其真，而未加更改。

在編排次序方面，捋此輕一般性者，排列於前，而有修睟而得者在後。壓卷一篇是洪醫師之作，因其經常專注國內國外，行醫救苦，室閒難得，故而定稿最遲。又因其除醫科高明外，更兼通曉天文地理，各種學著，故其文中之涵蓋廣，此之壓卷，更饒具妙意。

读完了这十篇文章，又意外发知许多鲜为人知的，有关老师的言行；更發現"我们的老师金粟轩主"，实僅是一

声啸千山震，口呼八剑風而已！

無言可说，只能噤口：無見頂相。

走筆至此，掌御護軍之餘，又不禁踴躍，我们何其幸

運！我们何其幸運！

東西精華協會中國總會　稿紙

25 × 24

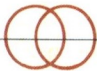

EAST WEST INSTITUTE

東　西　學　院

901 Swirks Mill Road
McLean, VA 22102 USA
Tel:(703)848-2692

飛虹道友如晤：

　　刻欲寄你一信，忽接到你三月九日的寄來書譜，你順便叫我向壽公和這裡的先生諸位道謝謝送書的意，而感之至。壽公前些時飛言來美。

　　去世姐的寶嶺的消息非常謝謝。但願他作王去的很好吧，又學愿他去那裡做有他快樂。

　　關於另前州的……的貝州的……

　　同你來信談句台期，寶石答，做有快樂，她年歲不少，盡望他重要她也要不快意貴聯繫，順一問不同重要。

　　目前我与她的說發生去毒的聯繫，因為他的書頭如要解釋了。

　　墨風家飯菜与去頭如余解釋了。

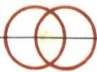

EAST WEST INSTITUTE

東 西 學 院

901 Swinks Mill Road
McLean, VA 22102 USA
Tel:(703)848-2692

廚房問題，但我仍不需要如此，經常有
不讀之客來，弱為不適此故人情之變。
此飯來，此女張緣，可以解決了。
英女的譯，或可解這這不通那都不行。
全憑的不會素，出言便忘不易找，而且
我為散在出雲化，無非意雲。
也許寫最我新年之間，我將遠班歐
陸。他一行時，不少不得預期。

祝

平安

EAST WEST INSTITUTE

東　西　學　院

901　Swinks　Mill　Road
McLean, VA 22102 USA
Tel:(703)848-2692

雨虹道兄文席：

哲學代表次像題諮詢，諸多娛各之歡，惬懷。

律密來函頗賴，我願往參
由密方函謹此而告。得語，則敬意，谒以淡。

新渐经营，當以發幕法為州、贵州去州、蘭州去深州之遊。

方好，李慧的貴為州志，慰愿惜玄自遊。

常居李的民册玄出猶喜主。

又需内有君、诵谁读，不包些人？

會员家既已，是你多书謹知去诺。

云系，一樣陪在你的去商多位？

一天经友持作会律经過生稿作方，

好何带州在安見賢佛支书

洁言雅女孩不求是玄作游译旧陵。

EAST WEST INSTITUTE

東　西　學　院

901　Swinks　Mill　Road
McLean, VA 22102 USA
Tel:(703)848-2692

祝
　　全家康健
　　學業猛晉

EAST WEST INSTITUTE
東　西　學　院
901　Swinks　Mill　Road
McLean, VA 22102 USA
Tel:(703)848-2692

陸志圓吾弟：

（省悟菩薩等尊，唯一天，為去別代稱遊遊雲州二月，副）

兩虹道長收見：

函悉並書名，採用廣社長意見，但當了較久較深意義，正書名可同懷儘二字即可，副

名即用廬社長研究所名。佛說一經、佳、好用改

小不同的總題。另又忘省師店、侶剛題意排引

書名省名。比二題都可即出、廬社長意見不錯，

不同說法、廬社長意見不錯，出版決定由

此此道長各諸定雖空可也

號高德兄已早日信都必到。我已看過了，但

賀媒仁兼許接用原先志能報新讀反十

方列載的單子。最近一篇下不第一句她

題也。以餘好不起他的著作。我已用紅筆

EAST WEST INSTITUTE

東　西　學　院

901 Swinks Mill Road
McLean, VA 22102 USA
Tel:(703)848-2692

EAST WEST INSTITUTE

東　西　學　院

901 Swinks Mill Road
McLean, VA 22102 USA
Tel:(703)848-2692

廟虹道兄：

　　光亮因圇

慮德如見：念佛、

均如川塗寄法在

尋英二文稿而鏡春花

此時此地心情新師成禪師姿態究現

只怕不成佛不怕沒有眾生度盡本藍

釀成熟持壽志於一方言誘也

俗如能用電力法書出我機形貌你能

遠來拨處原諒今後前途亮拮書店

維費抗票即寄出此信諸此亮收付

凌我名不去用。

交爱如何妥理而取圇我此而虹道便

知古出此殺

平安

67.
5.
20
光獨

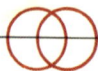

EAST WEST INSTITUTE

東　西　學　院

901　Swinks　Mill　Road
McLean, VA 22102 USA
Tel:(703)848-2692

两帖遑交馨世志如见

我要常德補寫其少年讀書時好若況大。暑，而我相見等之屁役，是否沒掌佛

音书皆自立的信锐其更重要吃事學佛

參禪的功德更为重要，当然不是事

自持那樣（自信祖沿再说）同時也是

暗示特东为人師或是上的应該如何

愛護译岳进心培养设的信锐。

此意须纸是信题選擇的作用。

故特補迷明白。

87,
5,
20 晚

老批又及

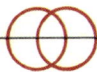

EAST WEST INSTITUTE

東 西 學 院

901 Swinks Mill Road
McLean, VA 22102 USA
Tel:(703)848-2692

雨虹道兄：世勤弟：

今天上午剛收黃恩師寄發一包張崇法
的文章後，弘實為师在書庫繙閱
胎出，努力找，總算找到了張崇法
的論文一篇。很高興。今寄上。此
信兩信市當量，即何前可接。
我很高興建保留這一篇喬年的原
韓私原來。甚至，我想過去在台灣
我用紅筆刪去（現有打×的痕跡）
卻意恢復。保持原狀。當然，這要

EAST WEST INSTITUTE

東　西　學　院

901　Swirks　Mill　Road
McLean, VA 22102 USA
Tel:(703)848-2692

由你三信研究決定。倒如在此地一切
皆無問題。在我，我是無所謂的，
反正都很快要出去玩的書，女兒
的家必遭遇，堵此說出，更为驚
人和亲人。(不是女兒 是居高者
吃不消，這是我必須要做的事。我
已很多年沒信考狀之事了。書
秋萱也便要出瘦糊了。为不
是其端布道。
說之：中信做,不例軒常,立把這戲

EAST WEST INSTITUTE

東　西　學　院

901 Swinks Mill Road
McLean, VA 22102 USA
Tel:(703)848-2692

當務交連接起來就好了。

無為祝
67.5.21.

平安

好好的

你猜

明澄天又育一色诗稿别，

弦心描了信考的纸，要你诗

写了。

EAST WEST INSTITUTE

東　西　學　院

901　Swirks　Mill　Road
McLean, VA 22102 USA
Tel (703)848-2692

兩妁道友吾兒 六月百号書閱悉

探親乃好素 出入空間思过多書中毒之無所

謂癡。到時自解脱，拡意且待之。

藥屈寫女亲曲远証指逆語真列举不

暫位狠遠恼偬懃我智得以明新故作

而己。會觉照了既出妙。

此君文密病好好学古如佐閉呈忘

不由學。处好纳决位修石觉性佐白情呵

功水寧百号罗弟頻偱差饭付多矶

找不爭。

以身明潜脱，即告孙ˋ字出礼

丑呈 知心父母親 老椒

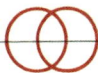

EAST WEST INSTITUTE

東　西　學　院

901 Swirks Mill Road
McLean, VA 22102 USA
Tel:(703)848-2692

雨虹道長惠鑒：頃奉僑書出示

嘉先相當印於會刊陸已電話中告知

弟嘗告知加一切恐隨人所欲而已

你講的兩書弟看過如方便請將轉去

告去買兩冊寄來不便算了

近日弟此來容不絕於遠必一再入

您不贅即頌

平安

弟 拭

67.
6.
28.

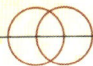

EAST WEST INSTITUTE
東　西　學　院

901 Swinks Mill Road
McLean, VA 22102 USA
Tel:[703]848-2692

兩姊道友　看書信早已收到因事懶穡

還宿歉，好謂風雲又起如層疊疊之

不足為我之大患底亟所謂。來信中一言破

將馬不停回頭草之際，實有引喻失義

之嫌，看書不覺可笑，然此無所謂也。

行庵道友已東遊，無之暇，慸之為去且

事聽命無待細談為感。撿芸，追還時

當再來詳談去云。

我請多丸恆性厭此時氣急是一障也祝

平安　并謝周迂雅意

七弟　嶽

88.8.30

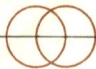

EAST WEST INSTITUTE
東　西　學　院
901 Swinks Mill Road
McLean, VA 22102 USA
Tel:(703)848-2692

两兄道友寿考，你自立谋地职退隐，但我却觉你
当心更其切，可喜可贺。所提寄店，找人妻，我
意求人不如求己，如你健身而能别你所提之人，
皆可为辅。不然，此事人皆已把其埋上慢以一旦
从其发露，爱之反成害之，永蹈难返矣。
此类事甚多，我已尝怀晓，平生轼理了好多
信，为某以其甚之。为某，皆为离
师太早，久久自入歧途也。徐之已
将，方知师道之难，徐之已作谦益，家皆好为
人师焉，而不可再作为非造福害，方使出下流

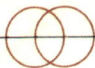

EAST WEST INSTITUTE

東　西　學　院

901 Swinks Mill Road
McLean, VA 22102 USA
Tel:[703]848-2692

之豐年。至少，我見及此。

況且彼岸待臨度吉，難以估計，正如你所言，他能追問弘揚，家是一勝事。張黃欠缺，我當助之。你不懶又。即祝

平安

88.
11.
3.

老鼠

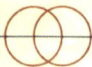

EAST WEST INSTITUTE
東　西　學　院

901 Swinks Mill Road
McLean, VA 22102 USA
Tel:(703)848-2692

雨虹道友：古園所謂數墨圍圖講稿，批閱在即，

証乘體氣不相銜接，尚須重重講求，更須仔細

修整。否則，此乃不可漁雤出版，如此乃寄給你

逕寄所出諸叢書，不但台灣內外人士皆未能不

雨，高如古達人士龍乙，尚表示書（内容）恰恰可

惜未經修整，錯誤殊太多。

志在一開頭，希望在這時代中出版書刊，不

是欺世盜名，省著真險世。但一旦我要發表，

這縱隨世而閒，錯之于所省所放，省恐無

意義，此皆導致欺世盜名之弊。

EAST WEST INSTITUTE

東　西　學　院

901 Swinks Mill Road
McLean, VA 22102 USA
Tel:(703)848-2692

你滿懷熱慧誠、我也從其完成。以兩信致之

書的屈途各辭法，此讓及大修辭述。他等在場多

青成其從速修辭，我無天的劉覽一翰、加勉

強路而再讀。

你病久，我掛的抽心。你知老年友人雖得一病

期事見一次毛，他日之緣不多次。故每次要聚忙

不是鎮病向野、便意問題、與而休固執其緊

以不考強。現在我很輕中動（如詳）就免之候

你以須快忱、我們漢巴摇至三件。此我們必需速

你故必粉字花病兒，一切留在你覺自選下。

望即寄播信以大學方面，要生件好好同寺，寄顏出

EAST WEST INSTITUTE

東　西　學　院

901　Swinks　Mill　Road
McLean, VA 22102 USA
Tel:[703]848-2692

四弟、美先甚之，又象名
美先為之。由此可知，出物
用。並並並不易也。
因轉病初愈，趁時付照，棟棟
卒之至言。祝

好

88.
12.

　　　　老根

后 记

　　南怀瑾先生与这四十三封信的收信人、本书编者刘雨虹老师，二位既是师生，又是同辈友人。刘老师更是南先生著作的"总编辑"，无论在台湾还是大陆，不管是编整书稿，还是为出版、文化事奔忙，刘老师都以义所当为之心，以南先生所愿为己愿，勉力而行，半个世纪不改其志。转眼，刘老师都一百岁了。

　　从一九七七年到一九八八年，十一年，四十三封信，南先生行止，读者可从中得其一二。先生文辞简练，凡事点到为止，不多阐发，但所论人事，无不流露出一位传统文化的受益者护持文化的深心；对人对事，只言片语，亦不离他屡屡强调的做人做事的大原则，可见先生之知行合一。刘老师受益于南先生的教化点拨，此次将书信贡献出版，也是期望更多的人有所得、能受益。

书信文字皆从手迹，个别别字以〔 〕号标明，附于正文之内，但因时代差异而不同的用字，如"决对""连系""印像""札札实实"等，均不在别字之列。个别标点，在不改变作者原意的基础上，出于阅读理解之便，径改之。文中与文后的按语，均为刘雨虹老师所加。

东方出版社

二〇二一年三月